—————• 重庆工商大学经济学院"重庆市经济学拔尖人才
培养示范基地"与国家一流专业建设点系列成果

城市商业区开发实务

CHENGSHI SHANGYEQU
KAIFA SHIWU

孙 畅　张桂君 ○ 编著

西南财经大学出版社
Southwestern University of Finance & Economics Press

中国·成都

图书在版编目(CIP)数据

城市商业区开发实务 / 孙畅,张桂君编著.--成都:
西南财经大学出版社,2025.6.--ISBN 978-7-5504-6780-4
Ⅰ.F299.233
中国国家版本馆 CIP 数据核字第 202506JA04 号

城市商业区开发实务

孙　畅　张桂君　编著

责任编辑:李特军
助理编辑:王晓磊
责任校对:石晓东
封面供图:董潇枫
封面设计:何东琳设计工作室
责任印制:朱曼丽

出版发行	西南财经大学出版社(四川省成都市光华村街 55 号)
网　址	http://cbs.swufe.edu.cn
电子邮件	bookcj@swufe.edu.cn
邮政编码	610074
电　话	028-87353785
照　排	四川胜翔数码印务设计有限公司
印　刷	郫县犀浦印刷厂
成品尺寸	185 mm×260 mm
印　张	9.625
字　数	213 千字
版　次	2025 年 6 月第 1 版
印　次	2025 年 6 月第 1 次印刷
印　数	1— 2000 册
书　号	ISBN 978-7-5504-6780-4
定　价	38.00 元

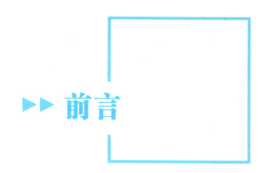

▶▶ 前言

　　商业区是城市经济发展的重要组成部分，科学规划和合理布局城市商业区，对于提升城市经济活力、提高城市影响力、改善居民生活品质具有重要推动作用。我国高等院校关于商业布局和商业规划的教学侧重于理论讲解，不利于学生综合分析能力和实践应用能力的提升，而且适合于本科教学的教材更是寥寥无几。基于此，重庆工商大学经济学院城市商业区开发实务课程组结合课程教学经验启动了本书的编写工作。

　　本书结合现代商业发展的新特点和新要求，系统阐述了城市商业区开发的基本理论、建设要点和实践应用，将城市商业区开发建设理论与实践有机结合，以思维培养和实践能力提升为目标，在内容设置上力求创新和突破；紧跟当前国内外商业发展趋势，结合商业前沿和创新改革；同时，结合编者长期从事商业领域研究工作的资料，以及从事商业网点规划、商贸流通产业发展规划编制工作的实践经验，将城市商业区开发建设的理论、技术和实践融入内容编写，并从城市商圈、商业街、社区商业、购物中心、大型零售网点等维度系统介绍了城市商业区开发建设的要点。

　　本书内容全面系统，实用性强，既有理论分析，又有实践案例。全书共分为八章，包括城市商业区开发概述、商业布局的基本理论、商业网点规划的基本理论、城市商圈、商业街、社区商业、购物中心规划、大型零售网点规划，内容涵盖城市商业区开发的基本理论、城市商业区规划编制的内容及方法，以及城市商圈、商业街、社区商业、购物中心、大型零售网点等主要城市商业载体发展建设的关键要点。内容设置注重系统性、综合性和实践性，表现形式灵活多样，设置了知识关联、案例分析等板块，增强学习的趣味性和互动性，能够满足城市商业区开发理论与实践教学需求，可作为高等院校经济管理类本科高年级学生及研究生教学或参考用书，同时也可以作为城市商业区开发建设领域相关工作人员的参考书籍。

本书由孙畅、张桂君主编，孙畅负责全书框架设计及统稿。其中，第一章、第二章、第四章、第五章由孙畅编写，第三章、第六章、第七章、第八章由张桂君编写。

本书的编写得到了重庆市经济学拔尖人才培养示范基地、国家一流专业贸易经济专业的资助，在此表示衷心的感谢。同时，本书的编写得到了李晓宇、高子旭两位研究生同学的大力支持，他们对相关资料进行了收集和整理，在这里对她们的辛苦付出表示诚挚感谢。同时，本书在编写过程中，参考和借鉴了同类书籍和同行学者的相关研究成果，受到诸多启发，在这里也向这些书籍的编著者表示感谢。

由于编者水平所限，书中难免有不妥之处，敬请专家和读者批评指正。

编者

2025 年 1 月

▶▶ 目录

第一章

城市商业区开发概述

■**本章概要**

　　本章介绍了城市与商业的定义及其发展历程，分析了城市商业区与城市发展的关系，介绍了城市商业规划的概念、分类，以及编制的基本原则、主体及步骤。

■**本章重点**

1. 城市与商业的定义
2. 城市商业区的定义、载体及发展趋势
3. 城市商业规划的概念、编制基本原则与步骤

第一节　城市与商业

　　商以城在，城以商兴。城市与商业有着密切的联系，商业依赖于城市的存在与发展，而城市的繁荣依托于商业的兴旺发达。城市的物理空间、基础设施、政策环境等为商业活动提供了必要的支持，商业繁荣则通过创造就业机会、增加税收、推动产业升级等方式，促进城市的持续发展。

一、城市概述

（一）城市的定义

城市是指人类各种活动的集聚场所，是人流、物流、信息流与资金流汇聚的中心，

是工业、商业、交通、服务业、金融业、信息业等的集中地，也是市场进行资源配置的平台①。

在人类社会早期，"城"和"市"并不属于同一个范畴。"城"起初是指作防卫而围起的墙垣，是一种防御性的堡垒，也可以称为城池、城堡等，而"市"则是指进行贸易与交换的场所②。在日益发展的商品经济推动下，城市愈来愈多地承载了交换和中转的作用，商人在城市中往来穿梭，货物商品在城市里流进流出，逐渐改变了城市原有面貌，成为繁华的商业都会。随着市场的发展，城市的轮廓也日益清晰，作为军事堡垒、政治中心的"城"，其生活和交换需求的不断增加促使了"市"的出现，而"市"出于对安全和便利的需求，对"城"的依赖也与日俱增，两个原本有着巨大差异的概念，最终融合在一起形成了具有政治、军事、经济和生活功能的完整意义上的城市③。

（二）城市的主要职能

城市职能是指城市在国家或区域的政治、经济、文化生活中担负的责任④。城市职能主要包括政治职能、文化职能、经济管理职能、生产服务职能⑤。

1. 政治职能

政治职能是指城市在政治层面承担的职责与功能，主要涉及政府为维护国家统治阶级的利益，对外保护国家安全，对内维持社会秩序等方面。政治职能涵盖了行政管理、政治教育、法规制定、司法裁决等内容。政治职能的核心在于行政管理，政府作为地方行政机关，承担着管理城市公共事务、执行国家政策的重要职责。通过制定和实施各类政策，政府能够有效地引导和调控城市的发展方向，确保城市的稳定和谐。政治职能还包括政治教育，城市政治职能不仅体现在政府的行为上，更深入到市民的日常生活中。政府通过各种渠道和形式，加强对市民的政治教育和宣传，提高市民的政治觉悟和参与度，为城市的政治稳定和发展提供坚实的群众基础。

2. 文化职能

文化职能是指城市在文化领域所发挥的作用和承担的功能，其不仅关注城市内部的文化发展，还涉及城市与外部的文化交流和传播。城市文化职能包括科技、教育、历史文化、对外交流等。城市能为居民提供丰富多彩的文化体验，包括建设博物馆、图书馆、剧院等文化设施，为居民提供便捷的文化服务，通过组织文艺表演、文化活动等方式，丰富居民的精神文化生活。同时，城市作为历史的见证者，承载着丰富的历史文化。政府通过制定相关政策和措施，加强对历史文化遗产的保护和传承，使传

---

① 戴安娜·阿尔瓦雷茨-马林，卢德格尔·霍夫施塔特，吕帅. 信息哲学观下的城市概念再定义 [J]. 建筑学报，2017（8）：8-13.

② 丁凡，伍江. 城市更新相关概念的演进及在当今的现实意义 [J]. 城市规划学刊，2017（6）：87-95.

③ 黄亚平. 城市空间理论与空间分析 [M]. 南京：东南大学出版社，2002.

④ 陈航，栾维新，王跃伟. 首都圈内城市职能的分工与整合研究 [J]. 中国人口·资源与环境，2005（5）：19-23.

⑤ 张复明. 城市职能、定位理论与区域城镇化战略研究 [M]. 北京：经济科学出版社，2012.

统文化在城市中延续并发扬光大。

3. 经济管理职能

经济管理职能主要包括生产管理、交通管理、金融管理等。经济管理活动由一系列经济管理机构执行，如公司、行业协会、民航局等，这些机构通过制定和执行相关政策、法规和计划，协调、控制和指导城市的经济活动，确保经济的稳定、有序和高效发展。城市作为经济活动的集聚地，拥有大量的资源，包括土地、资金、人才等，经济管理部门需要通过科学的规划和合理的政策引导，使资源得到最有效的利用，为城市的经济发展提供源源不断的动力。随着市场规模的扩大和复杂度的不断提升，为确保市场公平竞争和消费者合法权益，经济管理部门需要建立健全市场监管机制，打击各种违法违规行为，维护市场秩序。

4. 生产和服务职能

生产和服务职能是指城市在经济活动中承担的生产和服务相关功能与角色，是城市经济发展的重要基础，对于城市的繁荣和居民的生活水平具有重要影响。生产和服务职能是城市发展的基础。

城市作为人类活动的重要集聚地，其生产功能主要体现在工业化、农业现代化以及高新技术的研发与应用上。工业化是城市发展的重要驱动力，通过大规模、集中化的生产方式，城市为市场提供了丰富的物质产品，满足人们的日常需求。同时，农业现代化也为城市提供了稳定的食品来源，保障了城市居民的生活质量。城市还是高新技术研发和应用的前沿阵地，其通过科技创新，不断推动产业升级和经济发展。

服务职能是城市发展的重要补充。城市的服务职能主要体现在金融、教育、医疗、文化娱乐等方面。金融服务为城市的经济活动提供了必要的资金支持并进行风险管理，是城市经济发展的重要保障。教育服务培养人才，为城市的未来发展提供源源不断的智力支持。医疗服务保障居民健康，提高了居民的生活质量。文化娱乐服务丰富了人们的精神生活，提升了城市的文化品位。

（三）城市的发展历程

城市的发展是一个不断变化和完善的过程，也是城市不断适应新的社会、经济、环境要求的过程。根据城市在发展过程中表现出来的形态、功能，以及其在社会发展过程中的作用，可以将城市发展历程划分为古代、近代、现代和后现代城市四个阶段[1][2]。

1. 古代城市：公元前 4000 年~18 世纪中期

公元前 4000 年，中东地区逐渐出现具有城市特征的聚落，同时，伴随农业革命的开展，人类从游猎采集向农耕生活转变，为城市的形成提供了稳定的食物来源和人口基础，城市逐步形成。公元前 4000 年至 18 世纪中期，国民经济主体以农业和手工业为

① 张承安. 城市发展史 [M]. 武汉：武汉大学出版社，1985：10.
② 王嘉，白韵溪，宋聚生. 我国城市更新演进历程、挑战与建议 [J]. 规划师，2021，37（24）：21-27.

主，商品经济极不发达，自给自足的自然经济在社会生活中占据主导地位，城市在社会经济生活中的功能和作用微小。世界城市人口占总人口的比重仅为3%左右，在该阶段城市功能以军事据点、政治和宗教中心为主，以手工业和商业中心为辅，经济功能可以忽略不计，不具备地区经济中心的作用。古代城市结构比较简单，一般政治或宗教建筑占据城市中心位置，无明显的功能分区。古代城市形态以坚固的城墙或城壕为主，由于此类防御设施的限制，古代城市规模较小，主要分布在灌溉条件良好的河流两岸或交通便利的沿海地区①。

2. 近代城市：18世纪中期~20世纪40年代

18世纪中期欧洲工业革命的兴起，极大地推动了社会生产力的发展，促使城市发展进入崭新阶段。工业革命终结了手工业生产方式，以工业化生产取而代之，推动了产业化和地区分工，加速了商品经济发展。由此可见，工业化是城市发展的动力，商品经济的发展带动了金融业、信托业的兴起。同时，工商业集中的城市，需要相应的支撑系统，文化、教育、交通、通信、医疗等基础设施以及各种服务行业都得到相应的发展。这一过程吸引了大量农村人口向城市集聚，城市规模不断扩大，城市数量不断增加。城市成为经济中心，对国家和地区经济产生了巨大影响。城市结构日趋复杂化，出现了明显的功能分区；同时，作为城市必要物质条件的基础设施明显改善，居民生活水平日益提高。但由于工业化进程存在差异，城市分布的地区差异十分明显②。

3. 现代城市：20世纪40年代~20世纪60年代

第二次世界大战结束后，大部分发达国家进入工业化后期，许多发展中国家也陆续进入工业化发展阶段，城市进入了现代化发展阶段。这一时期，世界范围内的政治、经济和技术领域发生了深刻变化。一些殖民地和半殖民地国家纷纷摆脱殖民统治，相继独立，发展中国家政治地位不断提升，经济蓬勃发展③。许多发达国家掀起了整修和重建城市的浪潮，城市发展向深度和广度进一步延伸。科学技术发生了革命性进步，新技术革命引发了全球范围经济结构、产业结构和就业结构的巨大变化。社会经济发展达到了新的高度，社会产品空前丰富，城市发展进入了全新的历史时期④。

4. 后现代城市：20世纪60年代至今

20世纪70年代，工业社会向信息社会转变，在这一时期，信息技术，尤其是计算机技术的发展开始改变人们的生活和工作方式。同时，经济全球化趋势加剧了城市间的连接和相互影响，城市进入后现代发展阶段。在此阶段，城市开始体现出后现代理论中所强调的多元性、碎片性和非线性发展等特征。例如，城市空间结构趋向于分散和多元化，城市文化开始强调多元性和包容性，城市规划和设计更加注重人性化和环境保护等。后现代城市不再只注重规模和效率，开始关注生活质量、社区参与、环境

① 赵和生. 城市规划与城市发展 [M]. 南京：东南大学出版社，2005.
② 马云林，吴蕙. 浅析城市发展的历程 [J]. 中国市场，2012 (1)：112-114.
③ 阳建强，陈月. 1949—2019年中国城市更新的发展与回顾 [J]. 城市规划，2020，44 (2)：9-19，31.
④ 王嘉，白韵溪，宋聚生. 我国城市更新演进历程、挑战与建议 [J]. 规划师，2021，37 (24)：21-27.

可持续性等问题①。上海城市变迁见图1-1。

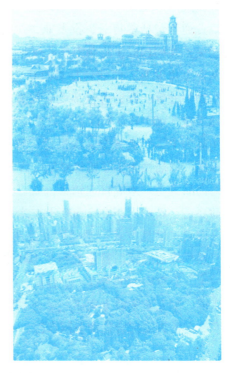

图1-1 上海城市变迁

图片来源：新华社记者刘颖.2024-05-15.新华社客户端

二、商业概述

随着社会和时代的发展，商业的内涵不断丰富，从最初的以物易物到如今的电子商务，商业发展历经了漫长的过程。

（一）商业的定义

1. 商业的概念

商业是商品交换发达的一种形式，是独立于社会物质生产之外的特殊行业②。在我国现行统计指标体系中，商业主要是指批发零售、住宿和餐饮业。作为专门从事商品流通的独立经济部门，商业可以促进商品生产与流通，繁荣城乡经济，满足城乡居民的物质和文化生活需要，是整个国民经济中不可缺少的重要组成部分③。随着数字经济的发展，商业的范围和模式也在不断演变，数字技术的融入使得线上商业不断壮大，

① 韦正峥，杜晓林，张媌姮，等．我国新时代美丽城市建设分异性策略研究［J］．中国环境管理，2024，16（2）：40-48.
② 崔连广，张敬伟．商业模式的概念分析与研究视角［J］．管理学报，2015，12（8）：1 240-1 247.
③ 侯锋．西方商业地理学的基本内容［J］．经济地理，1988（1）：72-76.

逐渐改变了传统的商业结构和消费者的行为模式①。

2. 商业的类型

商业通常包括零售业、批发业、住宿餐饮业、娱乐业等，每个行业都与日常生活息息相关，共同构成了复杂多样的商业网络。

从业态角度看，商业包括百货店、超级市场、大型综合市场、便利店、专卖店，以及购物中心等。百货店通常设立在城市的繁华区或交通要道，商店规模较大，营业面积通常在 5 000 平方米以上，商品结构以经营男装、女装、儿童服装、服饰、衣料、家庭用品为主，种类齐全、少批量、高毛利。超级市场主要选址在居民区、交通要道或商业区，以居民为主要销售对象，营业面积在 1 000 平方米左右，商品构成以购买频率高的商品为主，采取自选销售方式。大型综合超市主要选址在城乡接合部、住宅区或交通要道，营业面积在 2 500 平方米以上，衣、食、用品齐全，重视企业的品牌开发，采取自选销售方式。便利店主要选址在居民住宅区、主干线公路边，以及车站、医院、娱乐场所等地，营业面积在 100 平方米左右，商品结构以速成食品、饮料、小百货为主，具有即时消费性、小容量、应急性等特点。专卖店是专门经营某一类型商品的店铺，如儿童服装专卖店、运动品牌专卖店等。购物中心是一定区域内有计划地集结在一起的大型综合性商业网点群。

> **知识关联：**
>
> "业态"一词来自日本，原指日本经济学界用以说明零售企业、餐饮行业等经营业态的表述，是营业形态和效能的统一，是达成效能的手段②。概括地讲，商业业态是指零售商业的店铺营业形态，即为满足消费者某种需求而选择与确定的店铺营业形态③。

（二）我国商业的发展历程

随着人类社会结构的变化和技术创新的演变，商业的发展历程可以划分为四个阶段，分别是商业形成阶段、商业初期改革阶段、现代商业初步形成阶段与数字商业发展阶段④⑤。

1. 商业形成阶段：公元前 21 世纪~20 世纪 70 年代

约公元前 21 世纪，在夏、商、周时期，商业初步发展，形成了早期的市场和贸易，货币的使用使物物交换向以贝类、金属等为媒介的交易发展。隋唐时期，随着国家的统一和交通的发展，商业活动更加繁荣。到宋元明清时期，商业进一步发展，出现了夜市、早市等多样化的市场形式，纸币的流通进一步促进了商业繁荣。晚清时期

① 英国尤斯伯恩出版公司. 少年商学院：读懂商业 [M]. 王雪，陈召强，等译. 南宁：接力出版社，2020.
② 田侠. 北京商业业态的发展历程及其变迁 [J]. 首都经济贸易大学学报，2015，17（4）：54-61.
③ 范磊. 商业业态知识 [M]. 2 版. 北京：机械工业出版社，2012.
④ 田侠. 北京商业业态的发展历程及其变迁 [J]. 首都经济贸易大学学报，2015，17（4）：54-61.
⑤ 刘润. 商业简史 [M]. 北京：中信出版社，2020.

（1840—1912 年），中国近代商业开始萌芽，一批商人开始兴办近代企业，如轮船招商局、开平矿务局等。中华民国时期（1912—1949 年），随着国内政治和经济的动荡，商业发展也经历了起伏，在该阶段，连锁经营、广告营销等现代商业模式和经营理念逐渐传入中国。我国计划经济时期（1949—1978 年），商业活动主要由国家控制和调控，私营企业规模相对较小。

2. 商业初期改革阶段：20 世纪 70 年代~20 世纪 90 年代

1978 年，改革开放带动了中国商业的发展，大量外资涌入中国市场，同时也催生了大量的民营企业。在此期间，我国商品供应体制从计划经济向市场经济体制转变，各种小型私营企业和集贸市场如雨后春笋般出现。1978 年以后，随着个体户、私营企业的出现和发展，小商品经济兴起。各类小商品市场大量出现，商品种类丰富多样，为居民生活提供了极大便利。

随着计划经济向社会主义市场经济的过渡，商业经营方式和商业模式发生了根本性改变。在改革开放政策的推动下，中国的商业活动开始由国家计划控制向市场调节转变，商业经营主体由国有商业企业向多元化转变。改革开放初期，国有商业企业仍然是商业活动的主要主体。但是，随着市场经济的发展，国有商业企业面临着越来越大的压力，不得不进行改革。一方面，国有商业企业进行了股份制改革，引入了现代企业制度；另一方面，其开始探索连锁经营、特许经营等新的经营方式。此外，为了学习和引进先进的管理经验和技术，中国开始放宽对外资企业的限制，允许其进入中国市场，外资企业带来了新的商业模式和经营理念[①]。

3. 现代商业初步形成阶段：20 世纪 90 年代~21 世纪初

随着市场经济体制的逐步建立，以零售业领头突进的商业发生了根本性变化，呈现阶段性跳跃，出现了现代商业。中国市场经济体制逐渐成熟，商业以前所未有的速度迅猛发展，综合超市、专业商店、便利商店、仓储商店等业态不断出现，尤其到了20 世纪 90 年代中期，商业领域引入信息化技术后，超市尤其是连锁超市向原有的主流商业业态发起挑战，形成了以连锁超市为主体的多业态并存发展格局，电子商务初露端倪。

随着国内零售业的开放和城市商业结构的重新组合，中国商业业态发生了前所未有的变革。由于跨国连锁商业巨头的进入，大卖场、大型购物中心等新型商业业态迸发出超强的拉动力量，重构并重新整合城市商业服务体系和城市商业空间结构[②]。超越传统的百货商店、大市场经营模式，新型商业业态高效率、理性的"标准化"流程成为经营者和消费者共同遵循的规则。从沃尔玛到麦德龙、家乐福，零售巨头采取全球连锁方式，在任何国家、任何城市，商业形象和内部空间布置一致，采用先进信息技术支持的管理系统、物流配送系统以及一体化采购系统，最大限度地降低了经营成本，

① 王水莲，常联伟. 商业模式概念演进及创新途径研究综述［J］. 科技进步与对策，2014，31（7）：154-160.

② 田侠. 北京商业业态的发展历程及其变迁［J］. 首都经济贸易大学学报，2015，17（4）：54-61.

提高了整体效率①。随着互联网的普及，电子商务在中国开始迅速发展，阿里巴巴、淘宝、京东等电商平台蓬勃发展，极大地改变了消费者购物的方式和习惯，同时也推动了物流、支付、数据分析等相关产业的发展。

4. 数字商业发展阶段：21 世纪初至今②

随着数字化、智能化变革的持续深化，新的商业形态和模式不断涌现，中国商业发展进入了全新时代。随着电子商务的爆发式增长，阿里巴巴、京东等电商平台逐渐成熟，拼多多、美团等新电商模式崭露头角。消费者的购物习惯发生了深刻变化，线上购物越来越普遍。同时，以微信、抖音等平台为基础的社交电商快速发展，如小红书、微店等通过社区群组和口碑传播，使购物变得更加社交化，新零售逐渐崛起。在政策和市场需求的推动下，跨境电商快速发展，越来越多的海外商品通过电商平台进入中国市场，同时，越来越多的中国商品走向世界。此外，随着人们环保意识的提高，绿色环保的商业模式也开始得到提倡，如循环经济、绿色包装等。

数字经济时代，数字商业应运而生。数字商业是指利用数字技术进行商品或服务的营销、交易处理等，代表了商业模式在数字时代的演化，涵盖了从小型企业到全球性跨国公司的所有类型的商业活动。数字化商业具有一些关键特征：在线交易、全球可达性、数据驱动、即时服务、多渠道营销。数字化商业涵盖多个领域，包括 B2C（商业对消费者）、B2B（商业对商业）、C2C（消费者对消费者）、C2B（消费者对商业）。数字化商业是一个不断演变的领域，随着新技术的出现，商业模式和消费者行为将继续经历变革，商业企业需要不断适应这些变化，以便在数字化时代中蓬勃发展。需要注意的是，不同类型的商业形态往往会交叉发展。例如，在现代商业中就包含了早期的电子商务模式，而数字化商业则是现代商业发展和数字技术融合的结果。

> **知识关联：**
>
> B2C（商业对消费者）：直接向最终消费者销售商品或服务，例如亚马逊和京东。
>
> B2B（商业对商业）：交易双方都是商业实体，例如 ThomasNet。
>
> C2C（消费者对消费者）：消费者之间进行交易，例如 eBay 和闲鱼。
>
> C2B（消费者对商业）：个人向企业提供产品或服务，如自由职业者市场 Upwork。

---

① 托马斯·K·麦格劳. 现代资本主义：三次工业革命中的成功者 ［M］. 赵文书，肖锁章，译. 南京：江苏人民出版社，1999.

② 廖大宇. 5G 商业模式 重塑商业化未来 ［M］. 北京：中华工商联合出版社，2021.

第二节　城市商业区与城市发展

城市商业区是城市发展的重要组成部分，不仅是城市经济的核心区域，也是城市文化、社交和生活的重要场所。城市商业区的繁荣发展可以带动城市经济增长、吸引投资、增加就业机会、提高居民生活质量。城市发展与城市商业区密不可分，城市的发展与城市商业区的繁荣相互促进，共同推动城市的持续发展。

一、城市商业区概述

（一）城市商业区的定义

城市商业区是城市中商业和服务活动集中的地区，通常包括商店、餐厅、咖啡馆、银行、办公楼、酒店和其他服务设施。城市商业区不仅是商业活动集中的区域，也是城市经济和文化的重要节点，反映了城市的发展水平、商业活力和生活品质[①]。

从地理位置来看，城市商业区通常位于城市中心或交通便利、人口密集的地段。在大城市中心，城市商业区可进一步细分为中央商业区、区级商业区和社区商业区等不同规模和层次的商业聚集区。城市商业区往往与城市的交通枢纽、公共设施紧密相连，形成城市繁华地带。

从功能特性来看，城市商业区是零售商业聚集、交易频繁的区域，不仅是城市经济的核心地带，也是居民生活的重要组成部分。城市商业区通常以大型购物中心、综合性商店为核心，聚集众多专业性或综合性商业企业，涵盖从日常生活用品到高端奢侈品等的各种商品。同时，城市商业区还提供餐饮、娱乐、文化等多种服务，满足人们休闲、娱乐、社交等多方面的需求。

（二）城市商业区的载体

常见的城市商业区载体主要包括城市商圈、商业街、社区商业、购物中心、其他大型零售网点等。随着城市和经济的发展，城市商业区载体不断丰富和创新。

1. 城市商圈

城市商圈是以城市中心广场或商业步行街为中心，通过合理布局零售、餐饮、休闲、娱乐、文化商业网点，以及商务楼宇、星级酒店等设施，形成的多业态、多功能、复合型商业商务集聚区[②]。根据城市商圈不同的特点和功能，我们可以将城市商圈划分为不同类型。按区域分类，城市商圈可以分为市级商圈、区县级商圈、小型商业商圈等；按功能分类，城市商圈可以分为都市型商圈、区域型商圈、社区型商圈和特色型

---

① 张健. 城市商业区研究：规划、治理模式与案例［M］. 北京：清华大学出版社，2015.
② 重庆工商大学. 城市核心商圈建设规范 非书资料：DB 50/ T 713—2016［S］. 重庆：重庆市质量技术监督局，2016.

商圈等；按模式分类，城市商圈可以分为大型综合商圈、时尚型商圈、主题商圈、旅游购物型商圈以及专业型商圈等①。

城市商圈是城市商业生态系统的重要组成部分，是一座城市繁荣程度的体现，不仅是经济活动的场所，也是社交、休闲和娱乐的空间，为城市居民和游客提供了丰富多元的购物和生活体验场景。在现代城市发展中，城市商圈的规划和管理已逐渐成为一个重要课题。通过合理规划和有效管理，城市商圈不仅可以更好地满足消费者需求，创造良好的购物环境，还可以推动区域内经济活动的繁荣以及城市文化的发展。

随着数字技术和电子商务的发展，城市商圈面临着挑战。传统城市商圈需要适应消费者行为和市场环境的变化，通过创新和更新，提供更为优质的商品和服务，以吸引并留住消费者。如今，许多城市商圈正在通过引入智能化设施、开发线上线下融合的新零售模式、举办各类文化活动等方式，为消费者打造独特而生动的城市生活体验。重庆观音桥商圈见图1-2。

图1-2　重庆观音桥商圈

图片来源：江北区融媒体中心。

2. 商业街

商业街是一种多功能、多业态、多业种的商业集合体，由众多商店、餐饮店、服务店共同组成，按一定结构、比例、规律排列的商业街道②。商业街是城市中经典的商业区载体或表现形式，可以是传统的步行街，也可以是带有车辆通行的主干道，是居

---

① 姜珂，于涛. 基于电影院数据分析的城市商圈等级划分方法研究：以南京市为例［J］. 世界地理研究，2017，26（4）：73-81.

② 重庆工商大学. 城市核心商圈建设规范 非书资料：DB 50/ T 713—2016［S］. 重庆：重庆市质量技术监督局，2016.

民购物、散步、聚会的热点区域①。商业街具有功能全、品种多、分工细、环境美、服务优等特征。

商业街是城市中专门规划用于零售服务的街道或区域，作为城市经济活动的重要组成部分，承担着展示商品、服务消费者和促进商品交易的功能。一般而言，商业街会根据其所在地理位置、目标顾客群体以及销售的商品种类进行特色化定位，以吸引不同需求的消费者。

在管理和运营方面，商业街面临租金压力、竞争激烈、客户需求多变以及数字化转型的需求等诸多挑战。为了吸引顾客，商业街需要不断创新，引入新的商家和产品，举办节日活动和促销活动，同时也需要保持良好的环境卫生和秩序，为消费者提供良好的购物环境。随着电子商务的发展，实体商业街更需要发挥其无法被线上商业替代的优势，如现场体验、社交互动等，不断增强自身的吸引力。北京王府井商业街见图1-3。

图1-3 北京王府井商业街

图片来源：踏歌寻梦. 2019-02-09. 搜狐网

3. 社区商业

社区商业是以城镇居民相对集中的居住区居民为主要服务对象，以便利居民基本生活消费为目标，提供日常生活需要的商品和服务的属地型商业形态。② 社区商业的规模和范围相对较小，且更加侧重于方便性和亲密性，位于居民步行可达的地区，有时也包含银行、邮局以及其他社会服务机构，居民可以轻松完成大多数日常事务。社区商业的建设要遵循以人为本、科学规划、合理配置、市场导向、规范发展等原则。

社区商业受地区文化和居民习惯的影响，常与社区内的人际关系和社交活动紧密相连。当商家与顾客之间形成较为稳定的信任关系后，商家会根据社区居民的偏好优

① 王希来，曹伟. 21世纪城市商业发展之路 [M]. 北京：中国商业出版社，2011.
② 中国银联股份有限公司，等. 社区商业设施设置与功能要求：GB/T 37915-2019 [S/OL]. 北京：中国商业联合会，2020：3-1 [2025-06-09]. http://dbba.sacinfo.org.cn.

化商品和服务。随着居民对生活质量要求的提高，社区商业也在不断完善，例如，引进健身房、高端美食餐馆等，以改善居民的生活体验。社区商业经营者也面临着适应数字化转型的挑战，需要采用先进的信息技术和经营理念，如在线订购、本地送货服务等，以提高效率并增加顾客的满意度。成都温江新尚天地社区商业见图1-4。

图1-4　成都温江新尚天地社区商业

图片来源：陈荞.2024-02-18.四川新闻网

4. 购物中心

购物中心是指在一个大型建筑体（群）内，由企业按规划开发、拥有、管理、运营的各类零售业态和服务设施的集合体，主要载体形态有城市商业综合体、大型商城。一般而言，购物中心规划面积在10万平方米以上，服务半径为10 000米，服务人口为50万以上，设置区域主要在商业中心区以及交通便利的城乡接合部。

具体而言，购物中心可以划分为都市型购物中心、区域型购物中心、社区型购物中心，以及奥特莱斯型购物中心。都市型购物中心位于城市核心商圈或中心商务区，辐射半径可以覆盖甚至超出所在城市，满足顾客中高端和时尚购物需求，配套餐饮、休闲娱乐、商务社交等多元化服务。区域型购物中心位于城市新区或城乡接合部的商业中心或社区聚集区，紧邻交通主干道或城市交通节点，辐射半径在5 000米以上，满足不同收入水平顾客的一站式消费需求，购物、餐饮、休闲和服务功能齐备，所提供的产品和服务种类丰富。社区型购物中心位于居民聚居区的中心或周边，交通便利，以满足周边居民日常生活所需为主，配备必要的餐饮和休闲娱乐设施。奥特莱斯型购物中心位于交通便利或远离市中心的交通主干道旁，或开设在旅游景区附近，以品牌生产商或经销商开设的零售商店为主体，以销售打折商品为特色。

为保持竞争力和对顾客的吸引力，购物中心需要不断创新和更新其零售组合，定期引进新的品牌和概念店，举办活动和展览以增加访问率。此外，购物中心需要结合线上服务，如网上商城、快速送货和虚拟试衣等技术，提升消费者的购物体验和满意度。面对电子商务的挑战，实体购物中心必须利用其空间优势，创造无法在线上复制的体验和社区联系，从而保持在零售市场中的地位。迪拜购物中心见图1-5。

图 1-5 迪拜购物中心

图片来源：上海市土木工程学会. 2023-03-17

5. 其他大型零售网点

大型商业零售网点主要是指大型购物中心、百货店、大型综合超市、仓储超市、大型专卖店等零售业态，通常位于城市的交通要道或人口密集区域，以便吸引并服务更多的消费者。百货店是指在一个较大建筑体内，根据不同商品门类设销售区，以销售日用工业品为主，提供相应服务，能满足消费者对商品多样化选择需求的零售业态。一般而言，百货店规划面积在 10 000 平方米以上，服务半径为 5 000 米，服务人口为 20 万以上，设置区域主要在商业中心区内或大型购物中心内。大型综合超市是指采取自选销售方式，以销售大众化实用品为主，满足一次性购物的零售业态。一般而言，大型综合超市规划面积在 5 000 平方米以上，服务半径为 4 000 米，服务人口为 5 万以上，设置区域主要在商业中心区或大型购物中心内。仓储超市是指采取自选销售方式，以销售大众化实用品为主，以储销一体化、提供有限服务为特征的零售业态。一般而言，仓储超市规划面积在 10 000 平方米以上，服务半径为 8 000 米，服务人口为 30 万以上，设置区域主要在交通便利的城乡接合部。大型专卖店是以经营某一大类商品为主，具备丰富专业知识的销售人员和提供适当售后服务的零售业态，一般而言，其规划面积在 3 000 平方米以上。

在运营策略上，大型零售网点通常利用规模优势进行大宗购买，从而降低成本，拥有更具竞争力的价格。为满足不同消费者需求，其通常会采取多样化的产品展示和库存管理策略，并且通过折扣促销、忠诚客户计划和季节性活动等吸引顾客。在数字化时代，大型零售网点正不断整合线上线下购物体验，如开展电子商务网站、提供在线订购与门店自提或家庭配送服务，以及使用数据分析来优化库存管理和个性化营销策略，以追求线上线下一体化的零售解决方案。

（三）城市商业区的发展趋势

城市商业区的发展由多种力量共同驱动，随着科技的发展以及消费者行为模式和期望的变化，城市商业区呈现出新的发展特征，逐渐朝着数字化、绿色化、多功能融合化方向发展。

1. 数字化

数字化是数字时代经济发展的特有现象，是指经济主体或经济领域通过数字化实现对落后经济形态的改造和革新，从而成为更高级的经济形态，是互联网、大数据、人工智能等新型数字信息技术的广泛应用①。

随着大数据分析、人工智能、物联网、AR/VR 技术等新兴科技的应用，城市商业区呈现出数字化发展趋势，在城市商业区的运营、管理和服务提供等多个环节开辟了新的可能性。消费者行为的改变推动了城市商业区数字化发展步伐。由于智能手机和移动互联网的普及，消费者越来越倾向于在线了解信息、比较价格和进行购买，促使城市商业区从传统的物理空间拓展到线上平台，以实现线上线下（O2O）无缝连接。具体表现为积极建设自己的网站或应用程序，通过网站平台提供商品信息、在线交易、顾客评价、虚拟试穿等服务②。数据分析工具的运用也让商家能够更加清晰地了解消费者行为，进而提供更为个性化的服务。利用 AI 推荐系统、顾客行为追踪技术和大数据分析技术，商家可以为消费者提供定制化的产品推荐，提升其购物体验，并且定制化服务不局限于在线购物，也延伸到了线下实体店铺，例如，商家通过追踪消费者在店内的行走路径和停留点，针对性调整商品陈列和促销策略。

城市商业区数字化发展不仅局限于消费者的前端体验，在后端运营方面，商家逐步利用物联网来进行智能化存货管理和能源监控，基于云计算系统远程监控和管理多个零售点，通过实时数据分析进行库存优化、顾客流量预测和更高效的能源使用。

2. 绿色化

绿色化是指企业在经营活动中融入环保理念，实现经济效益与环境效益的双赢，包括采用环保材料、生产绿色产品、使用节能减排的生产方式，以减少废弃物排放，推动循环型发展。

随着人们环境保护意识的增强和可持续发展目标的推广，城市商业区的设计和运营都越来越重视绿色可持续性。绿色商业区逐渐成为新兴趋势，不仅体现在建筑设计和建材选择上，还体现在能源消耗、废弃物管理和交通方式选择等多个方面。城市商业区开发商越来越多地采用 LEED（绿色建筑领导力能源与环境设计）认证标准指导项目建设。绿色建筑使用高效率的隔热材料、自然采光设计以及太阳能和风能等可再生能源系统来减少能源需求；同时，引入智能建筑管理系统，优化能源使用，实现室内

---

① 孙志建，耿佳皓. 公共管理敏捷革命：中国城市治理数字化转型的交叉案例研究 [J]. 电子政务，2023 (2)：2-17.

② 李晓娣，饶美仙. 数字经济赋能城市科技创新的组态路径研究 [J]. 科学学研究，2023，41 (11)：2 086-2 097，2 112.

温度、照明和湿度的自动调整，以达到最佳的能源效率。

在运营模式方面，城市商业区鼓励租户和消费者参与到可持续实践中来，通过分区回收站点实现垃圾分类，鼓励消费者使用电子发票减少纸张使用，以及提供充电站等设施支持新能源电动车的使用。鼓励商家提供环保产品和服务，使用可降解材料的包装。同时，"环境修复"也成为了城市商业区发展的关键部分，通过清洁附近的河流、种植更多树木和恢复自然景观等方式，增强生态价值与美观性，体现了城市商业区的社会责任和对长远可持续发展的承诺。

3. 多功能融合化

多功能融合是指将多个不同的功能或特性整合到一个系统、设备或服务中①。城市商业区的多功能融合是在一个特定的商业环境或区域内，结合并融合各种不同的商务、服务和娱乐功能，以提高效率、便利性，优化用户体验。

在现代商业发展中，多功能融合的城市商业区正逐渐成为潮流。新型的商业环境不再是单一的购物空间，而是向顾客提供购物、餐饮、娱乐、办公、居住等多种功能综合体验的"一站式"目的地。例如，传统的百货公司和购物中心正逐步转变为含有休闲娱乐设施（如电影院、健身房）、文化设施（如图书馆、艺术展览空间）以及餐厅的复合空间，城市商业区的多功能化布局不仅可以满足消费者便捷生活方式的需求，还有助于增加顾客的停留时间，提升整体消费水平。城市商业区逐渐演化为创意和技术的孵化基地，开始引入创意工作室、科技创新企业以及共享办公空间。这不仅提高了城市商业区的吸引力，也催生了新的商业模式和就业机会，推动经济多元化发展。

城市商业区的多功能融合发展是持续演进的。商业开发商和经营者必须灵活应对市场需求的变化，采用新技术提升管理效率和顾客体验。随着可持续发展理念对消费者影响的日益增强，城市商业区也逐渐倾向于加强环保和社会参与，这意味着未来城市商业区将不仅是购物和消费的空间，更是社会交往、文化体验和可持续生活的实践场域②。

二、城市商业区与城市发展的关系

城市商业区与城市发展两者相辅相成。城市商业区的建设与完善离不开城市发展，稳定的城市发展环境有利于维护城市商业区的建设质量，助推城市商业区规划建设落实；城市商业区发展得越好，越能够刺激消费，加快产业转型升级，促进城市发展。

（一）城市商业区是城市发展的重要组成部分

城市商业区是城市发展的重要组成部分，不仅是城市经济发展的集中体现，也是

① 刘法威，杨衍. 城乡融合背景下乡村土地利用多功能转型研究［J］. 郑州大学学报（哲学社会科学版），2020，53（3）：32-36.
② 何继江，袁晓辉，王富平. 迈向知识城市：科技园区核心功能及其融合创新［J］. 科技进步与对策，2015，32（15）：37-41.

城市形象和功能的主要展示区域①。城市商业区与城市的历史、文化、交通、经济等多方面紧密相连，体现着城市集聚发展的特性②。

1. 城市商业区是城市经济发展的直接表现

城市商业区是城市经济的核心区域，集中了大量的商业活动和商业设施，是消费者购物、娱乐、消费的主要场所。城市商业区内，各种商品和服务集中供应，繁荣和活跃了市场，推动了城市消费和经济增长。城市商业区集聚了各种商贸活动，集中了零售、批发、服务等多个行业，通过行业之间的互动和竞争，推动了城市经济的繁荣和发展。同时，城市商业区交通便捷、信息流通灵活，吸引了大量外来企业和创业者入驻，为城市带来了资金、技术和人才等多元资源，进一步推动了城市经济增长。

2. 城市商业区是城市文化和社交的聚集地

城市商业区不仅是商品和服务交易的集中区域，也是居民休闲娱乐、交流互动的中心。其通过举办各种展览、会议、庆典等活动，为城市居民和游客提供了丰富的社会生活空间。居民可以购物娱乐、品尝美食、观赏文化演出、参与各类活动，有利于丰富城市居民的日常生活，也有助于增进城市的凝聚力，增强城市的活力和吸引力。此外，城市商业区具有显著的社会功能，能够聚集人群，提供大量的就业机会，缓解社会矛盾。

3. 城市商业区是城市形象和品牌的重要体现

一个繁荣、多元、有活力的城市商业区，能够吸引大量的本地消费者和游客，更能树立开放、包容、现代的城市形象。城市商业区的繁荣和活力反映了城市的经济实力、商业活动和品牌价值，对于城市形象的宣传和营销具有重要意义。通过建筑设计、公共艺术、路面广告等方式，城市商业区向外界展示了城市的审美观念、文化特色和未来发展方向，城市商业区的规模、结构和品质，反映了城市的综合实力和管理水平。

4. 城市商业区是城市规划和建设的重点区域

城市商业区的规划与建设能够提升城市的整体经济、社会和环境效益，提高城市的品质和吸引力。在城市商业区的规划设计与建设中，政府需要注重与当地历史文化的结合，处理好现代文明与当地历史文化的关系、新旧建筑间的关系。在历史文化融合上，城市商业区建设不应只重视外在形式，盲目追求形式上的"形似"，而应从历史文脉、地方习俗、文化特征、生活方式等方面考虑城市商业区外部空间环境的创造。例如，北京的王府井、天津的古文化街、南京的夫子庙、上海的城隍庙以及新天地等，这些城市商业区既保留了历史古城风貌，又对城市商业文明的延续和发展进行了新的诠释③。

（二）城市发展是城市商业区的繁荣基石

城市发展对城市商业区的推动是城市经济、文化和社会发展的自然结果，体现在

---

① 张健. 城市商业区研究：规划、治理模式与案例［M］. 北京：清华大学出版社，2015.
② 常兵，南禹竹. 城市商业区规划对推动城市经济发展的重要作用［J］. 商业经济研究，2021（17）：26-28.
③ 张健. 城市商业区研究 规划、治理模式与案例［M］. 北京：清华大学出版社，2015.

自然环境、经济、人口和交通等多个层面。

1. 城市自然环境为城市商业区提供物质基础

城市良好的自然环境为城市商业区提供了必要的物质基础。地理位置优越的城市，因为可以便捷地与其他地区进行交通运输、获取资源和分销产品，会吸引更多企业和商家入驻。丰富的水、矿产等自然资源可以为城市商业区发展提供原材料和能源，此外，城市良好的自然环境也是吸引居民和游客的重要因素。例如，有着优美风景的城市商业区通常会吸引大量游客前来消费，而且在良好环境中居住和工作的人们更愿意在本地消费。同时，绿色、健康的环境也会提升人们的生活品质，推动服务业尤其是健康、休闲等行业发展。伴随着环保理念的普及，城市商业区开始尝试与城市自然环境融合，以实现可持续发展，积极采用节能、环保的建筑材料和设计，开展绿色零售，推广清洁能源，为城市商业区的发展提供了新的机遇和方向。

2. 城市经济发展为城市商业区提供发展动力

城市经济增长直接影响城市商业区的拓展。随着城市经济的持续增长，城市居民收入不断提高，消费能力和需求不断增加，推动了城市商业区的发展。随着人们购买商品和服务能力的提升，各类新的商业模式和消费方式应运而生。与此同时，城市经济增长进一步促进了企业的发展和创新，推动城市商业区中的商店、商务服务和娱乐设施更新和升级。此外，城市经济结构的转型与升级推动了城市商业区的建设和改造。以工业为主导的城市向服务业和知识经济城市转型，城市商业区开始承担文化娱乐、金融服务、技术创新等功能，使得城市商业区具备更加多元的业态和更为丰富的消费场景。城市商业区作为城市经济活动的集聚地，自然也会随着城市经济的发展而发展，形成高度集聚、功能齐全的大型商业区。

3. 城市人口结构为城市商业区提供消费动力

城市人口结构的变化会对城市商业区产生深远影响。随着社会的发展，城市居民的教育水平和文化素质不断提高，购买力和消费需求不断增加，对城市商业区商品及服务的质量和多样性提出了更高要求。与此同时，年轻一代对于购物及娱乐环境的期待也在改变，他们更倾向于综合性、体验式的购物环境。这将进一步推动城市商业区更新升级，提供更加丰富多元的商品和服务。此外，城市人口的流动性也会对城市商业区的发展产生影响。外来人口不仅为城市商业区带来了新的消费人群，也引入了新的消费观念和习惯，这种多样性和变动性要求城市商业区必须不断调整和适应，创新经营手段和商业模式。人口流动性的增强，拓宽了城市商业区的市场边界，让城市商业区能够接触到更为广泛的消费者群体。

4. 城市交通便利为城市商业区提供流通动力

城市公共交通的完善和普及影响着城市商业区的发展。高效的交通网络是确保城市商业区顺畅运行的基础。交通便捷的城市商业区能够吸引和留住消费者。便捷的交通使更多消费者可以轻松到达商业区，增加了城市商业区的客流量，方便了消费者的购物、餐饮和娱乐等活动。同时，物流也是商业运营的重要一环，有效的交通网络可以确保商品及时进出，满足城市商业区对各种商品的需求。因此，城市交通规划直接影响着城市商业区的发展。城市道路网络的布局、公共交通线路的设置、停车场的规划等，均会对城市商业区的空间分布、功能定位和发展规模产生影响，合理的交通规划可以引导城市商业区向更加合理高效的方向发展。随着科技的发展，未来交通方式的变革也将对城市商业区产生深远影响。自动驾驶技术、共享出行平台、无人配送系统等新型交通模式，将重塑城市交通格局，影响城市商业区的布局、结构和运营模式。随着城市化进程的推进，交通拥堵和停车难问题日益严重，这将成为城市商业区发展面临的一大挑战。如何优化交通规划、引入新的交通解决方案，有效缓解交通拥堵和停车难问题，成为城市发展和城市商业区发展面临的共同问题。

我们需要不断思考和探寻更为有效的方式来促进城市商业区的发展，使其更好地适应经济社会发展趋势，满足人们日益增长的生活需求。例如，加强行业创新引导，运用数字化、智能化技术优化商业模式；注重环保、绿色理念，打造可持续发展的商业区；提升公共服务设施，改善消费体验等都是值得深入研究的领域。城市的自然环境、经济发展水平、人口规模、交通便利度等，是城市商业区发展的重要影响因素。随着科技和社会的进步，城市的发展不仅是经济的提升，更是文化、社会等多方面的融合与互动，城市商业区作为城市的核心组成部分，必定会在城市发展过程中发挥越来越重要的角色。

第三节　城市商业规划

城市商业规划是城市发展规划的重要组成部分。城市商业规划的编制，需要政府与规划部门的全力合作。商业发展资料的收集以及调研工作是城市商业规划编制的基础。

一、规划与城市商业规划的概念

（一）规划的概念

规划是一种有意识、有预见的管理决策行为，涉及目标设定、路径选择、行动实施等，其基本目的是使组织或个人在未来某个时间段内能够有效地实现既定的目标。规划的含义可以从广义和狭义两个方面来理解。广义上，规划是指一个组织或个人为了在将来的一段时间内有效地实现既定目标，通过对将来可能出现的情况进行预测，提前做出决策以及确定以怎样的手段和方式达到目标的整体落实过程[①]。狭义上，规划是指具体的、有序的未来行动步骤的确定，包括制定目标、分析现状、预测未来、确

---

① 胡钎，张继刚，叶林，等. 城市特别用途区的发展内涵与空间管制：基于规划编制与规划许可的逻辑[J]. 规划师，2023，39（7）：85-93.

定策略或方案、制订任务或行动计划等环节。简言之，规划是一个不断选择和决策的过程，旨在利用有限的资源在未来某个特定的时间内完成某个特定的目标，具有前瞻性、系统性和灵活性。

（二）城市商业规划的概念

城市商业规划是以建立统一的商业发展体系为目标，以城市商业发展需求和提高人民生活水平为出发点，以优化商业布局和调整市场结构为主线，发挥市场资源优化配置的基础性作用，避免商业无序竞争和商业设施低水平重复建设，促进城市商业协调发展而进行的规划[1]。城市商业规划涵盖了城市中商业活动的所有方面，包括商业地段的选定、商业设施的布局、商业网络的构建、商业服务的提供等，旨在创建一个能够满足市民生活需求的良好城市商业环境和氛围。城市商业规划的主要目标是优化城市商业资源配置，提高城市商业活动效率，以及增强城市吸引力。科学合理的规划可以帮助企业找到最佳的商业位置，避免商业设施过剩或短缺，促进商业活动协调发展，实现城市经济的持续健康发展。

二、城市商业规划的分类

城市商业规划通常可以分为区域性商业规划、城市功能区商业规划和专项商业规划三类。城市商业规划分类，有助于城市规划者从不同的角度更全面地考虑城市商业发展，制定合理有效的商业规划方案，促进城市商业健康发展。

（一）区域性商业规划

区域性商业规划主要针对城市各城区的商业发展进行规划，是在对特定区域的区情、商业发展现状和未来需求进行深入分析的基础上，对该区域内商业在未来某个特定时间区间内的发展目标和方向、商业设施空间布局和业态比例、重点商业设施的规划、促进商业发展的政策措施等做出具有前瞻性的框架性规定，并以规划的形式体现的具有约束力和指导性的政策文件。如，北京丰台区商业发展规划、上海徐汇区商业发展规划、广州白云区商业发展规划等。

北京市丰台区商业发展规划（2013—2020）

根据《北京市丰台区商业发展规划（2013—2020）》，丰台商业定位于"品质生活的基础，现代商务的保障，特色商业的典范，区域增长的引擎"，构建适应新丰台建设发展的宜居宜业现代商业服务体系。构筑"三区、八圈、多街、多点"的商业网络体系，即：建设三个现代城市商业集聚区，培育八大商圈，打造多条特色商业街区，升级建设多个社区商业终端。

建设三大商业集聚区，引领时尚消费

都市商业集聚区辐射半径约10千米，重点服务高端商务人群及居民现代时尚消费需求。零售、餐饮、休闲服务面积比控制为约4∶4∶2。

---

①　蔡鸿生. 城市商业发展的规模规划规范［M］. 北京：中国商业出版社，2002.

丽泽商业集聚区。突出规划引领、商业先行概念，强化与金融商务区发展匹配的高端商业配套服务，构建现代宜居的商务区商业生态环境。

总部基地商业集聚区。打造园区生活总部，构建宜居宜业的科技园区商业服务配套系统，满足商务交易、商务后援支持、商务生活消费三大功能，提升区域发展吸引力。

南中轴商业集聚区。结合南中轴高端商务定位和第二机场国家门户地理优势，突出国际文化理念，打造城南最高端的国际性商业聚集区。

培育八大商圈，服务生活消费

商圈辐射半径约5千米，主要服务商圈内和周边商务人群及居民一般性消费需求。零售、餐饮、休闲服务面积比控制为约 5∶3∶2。部分商圈还将结合地区禀赋、地理优势、文化积淀，重点发展特色、专业化商业服务。

具体包括：方庄-蒲黄榆商圈，马家堡-公益西桥商圈，六里桥-西局商圈，梅市口-大成路商圈，大红门-木樨园商圈，东高地-南苑商圈，青龙湖-王佐商圈，园博园-长辛店商圈。

打造多条特色商业街，带动体验式消费

继续推进特色商业街建设，提升特色商业街知名度、影响力和对周边区域的带动力。以文化底蕴和商业特色为依托，重点推进文化体验型特色商业街区建设，鼓励发展多元文化聚集。特色商业街主要服务外地来京人员、游客及全市居民专业化、特色化需求。零售、餐饮、休闲服务面积比控制为约 6∶2∶2。

重点打造万丰路餐饮街，方庄餐饮街，草桥花卉街，靛厂路商业街，梅市口路体育文化街，长辛店老镇文化街等商业街。

升级和建设多点品质社区商业，探索"零距离"社区消费

以提升城市宜居品质，推进丰台宜居城市建设为发展目标，在现有基础上，进一步发展社区商业，完善社区商业配套，运用规划政策、标准等手段，优化配置，健全服务网络。零售、餐饮、休闲服务面积比控制为约 5∶4∶1。新建商品房、保障房项目商业配套面积不低于总建筑面积的 10%。

逐步完善以社区商业中心或乡镇商业中心为节点，以社区便利终端或乡镇零售终端为端点，覆盖全区的社区商业网络。以现代信息平台为依托，跨行业、跨业态整合相关社区商业服务资源，逐步探索"零距离"社区商业服务新模式。

注：案例来源《北京市丰台区商业发展规划（2013—2020)》. 北京市丰台区人民政府. 2014-01-07

（二）城市功能区商业规划

城市功能区商业规划是针对城市功能区商业服务体系进行的规划。具体而言，城市功能区商业规划是在对功能区的特点、商业服务体系要求，以及目标市场深入分析的基础上，对功能区商业在未来某个特定时间区间内的发展目标、发展模式、商业设施空间布局和比例结构，以及促进商业发展的政策措施等做出具有前瞻性的框架性规定，并以规划形式体现的具有约束力和指导性的政策文件。如，北京中关村商业发展规划、重庆江北区 CBD 商业发展规划等。

（三）专项商业规划

专项商业规划是指对商业流通链条上的某个环节或某个领域进行的专项规划，对其发展方向、发展模式、政策措施等做出框架性规定，使流通环节更加顺畅，提升流通效率。如，农产品流通规划、物流规划等。

农产品流通规划是指通过制定一系列政策和措施，促进农产品从生产地到消费者手中的流通过程。首先，根据各地的地理环境、农产品供求情况和消费者需求，合理布局农产品流通渠道和网络，确保农产品能够快速、高效地到达消费者手中。通过建设农产品批发市场和农村电商平台等方式，拓展农产品销售渠道，提高农产品市场覆盖率。其次，加强对农产品质量和安全的监督检查，制定和贯彻相关规范和标准，确保农产品符合国家质量标准和安全要求；加强对农产品流通环节的监管，打击假冒伪劣农产品。此外，推动农产品流通信息化建设，建立和完善农产品流通追溯体系和市场信息系统，实现对农产品流通全过程的监控和管理。通过提供农产品市场价格、供求信息以及质量检测等相关信息，帮助农民和农产品经销商及时准确地了解农产品市场状况，提高市场决策的科学性和准确性。

物流规划以提高运输效率和成本效益为目标。规划部门需要对运输、仓储、配送以及物流技术等各方面进行充分的市场调查和分析，了解目标市场需求，通常包括对市场规模、竞争力、消费者需求等方面的调查，在此基础上，根据市场发展趋势，结合调研资料和数据编制物流规划。

三、城市商业规划的基本原则

城市商业规划原则，是确保城市商业规划合理性、科学性、有效性，实现城市商业可持续、高质量发展的根本指导。

（一）城市商业规划与城市总体发展规划相结合

城市商业建设是城市建设的重要内容，城市商业规划是城市总体发展规划的重要组成部分。城市商业规划要与城市总体发展规划相衔接，与人口分布、消费需求、道路交通、文化景观、环境保护相协调，与相关产业发展相配合，促进城市功能完善和城市社会经济发展[①]。城市商业规划与城市总体发展规划关系密切，二者相辅相成，相互影响。城市商业规划以城市总体发展规划为依据，城市商业规划的实施有助于城市总体发展规划目标的实现。

从层次上看，城市总体发展规划是关于一个城市功能、空间布局及各种物质要素总体安排的基础性规划，是城市商业规划的基础和前提；城市商业规划是城市总体发

---

① 汪鑫."市级"国土空间总体规划编制内容与深度研究：基于空间治理的视角 [J]. 城市规划, 2021, 45 (5)：76-82.

展规划的组成内容，是从属性的规划，是对城市总体发展规划的进一步补充和完善。

从内容上看，城市总体发展规划涉及城市自然地理环境、城市功能区划分以及配套设施匹配等，是综合性规划；城市商业规划是从商业发展的内在规律和消费者需求角度所做的专项规划。

从功能上看，城市总体发展规划是城市建设的依据和思路框架，决定城市建设的基本方向和发展模式；城市商业规划是城市商业网点建设和管理的基本依据，两者的功能互补，具有不可替代性。

从编制主体上看，根据《中华人民共和国城乡规划法》，城市总体规划由城市人民政府组织编制；根据《城市商业网点规划编制规范》要求，城市商务主管部门为城市商业网点规划的编制单位，会同有关部门负责城市商业网点规划的制订工作。

从详细程度上看，城市总体发展规划中虽然涉及一些城市商业网点规划内容，但限于城市规划的专业特点，对城市商业网点的规划往往是粗线条和框架性的；城市商业规划则需从商业发展的内在规律出发，在对城市商业网点现状调查、分析的基础上编制详细和针对性的商业发展规划。

（二）城市商业规划与城市经济发展水平相结合

城市商业规划应在对当地经济发展现状和发展潜力深入分析的基础上，对商业设施进行科学布局。城市商业规划与当地经济发展水平的结合体现了基于现实背景的务实规划方法，两者结合需着眼于当前经济条件，同时预测和适应未来可能的变化。城市商业规划要充分考虑本地区和周边地区消费水平、市场需求、现有商业网点状况，合理确定规划期内商业网点的数量、规模、档次和业态①。

在经济较为发达的区域，城市商业发展更多聚焦于提升服务质量、增强技术含量以及促进消费升级。这些地区的居民通常拥有较高的收入水平，对服务和商品质量的要求相对较高，倾向于追求高品质生活和便捷性消费。因此，商业规划应重点考虑如何吸引国内外品牌入驻，利用先进科技提升购物体验，通过智慧商业设施吸引高端消费人群。相比之下，在经济发展水平较低区域，城市商业规划应更加注重商业基础设施建设，满足居民基本消费需求。在这些区域，居民的可支配收入和消费能力相对较低，商业规划应重点发展日常消费品市场，加强商业流通的便捷性，使商品价格符合当地居民的消费能力。同时，注重促进就业，发展零售、餐饮等服务行业，提供更多就业机会，助力区域经济水平提升。

此外，城市商业规划还要与当地产业发展相协调。例如，如果某城市以制造业为主导产业，则其商业规划应注重物流设施、批发市场的建设，并为相关工作人群提供便利的生活服务和商务服务。如果某城市旅游业较为发达，则其商业规划应围绕旅游发展布局相关零售、餐饮、休闲、娱乐设施，以满足游客需求。

---

① 叶林，邢忠，颜文涛. 城市边缘区绿色空间精明规划研究：核心议题、概念框架和策略探讨 [J]. 城市规划学刊，2017（1）：30-38.

（三）大型商业设施与中小商店协调共存相结合

大型商业设施与中小商店在城市商业生态系统中共同存在，各有特色且相互补充，构成了多元化的市场结构。我们在编制城市商业规划时，应确保所有类型商业共存共荣，维护商业发展的多样性。购物中心、百货商场等大型商业设施，可以提供一站式的购物体验、休闲娱乐、餐饮服务等，因为其多样性的产品、便捷的地理位置以及舒适的购物环境吸引了大量消费者。然而，此类商业模式经营规模上的竞争优势，可能会对中小商店构成威胁。相较而言，中小商店可以提供更加个性化的商品和服务，展现出城市的地方特色和文化风采。中小商店的灵活性使其可以迅速适应市场变化，制定更具针对性的营销策略，满足顾客群体多样化的产品和服务需求。同时，中小商店也是城市街区活力的源泉，有利于发展社区经济，增强居民的归属感和满意度。

合理规划布局大中小型商业网点，促进大店与中小店铺协调发展，是城市商业多元共生的重要体现，有利于满足消费者多层次和多样化的消费需求。我们可以通过以下措施推动城市大型商业设施与中小商店协调共存：

一是鼓励大型商业设施与中小商店之间互联互通。大型商业设施可以为中小商店提供展示空间，增加其曝光度，例如，在大型购物中心内部为当地特色小店提供展位，这在丰富购物中心商品多样性的同时，也为中小商店提供了一个与更广泛消费群体接触互动的平台。

二是加强对中小商店的支持力度。例如，通过税收减免、租金补贴、业务培训等措施，帮助中小企业降低运营成本，提升管理和服务水平，以在激烈的市场竞争中立足。

三是鼓励特色中小商店集聚发展。中小商店集聚发展有利于形成独特的购物环境，吸引特定的消费群体。鼓励中小商店利用自身的优势，提供更加个性化和专业化的服务，共同打造区域特色品牌价值，形成与大型商业设施差异化的竞争优势。

（四）规划调控功能与市场机制基础作用相结合

规划调控与市场机制在城市商业发展中扮演着相互补充的角色。一方面，规划调控在宏观层面指导城市商业发展的战略目标和重要环节；另一方面，市场机制从微观层面反映消费者需求和市场变动，体现商业发展的内生动力。因此，我们应充分发挥规划的调控功能和市场机制的基础作用，尊重商业发展的市场规律，通过商业规划提供可预期的制度环境，引导社会资金投向，避免盲目发展和无序竞争，共同推动城市商业高质量发展。

规划调控是政策工具，对商业区域布局、商业设施配置、商业交通配套等提供长远的、大局性的引导。然而，规划调控强调的是整体性和长期性，对于日常运行的具体情况往往无法进行有效干预和指导。此时，我们需要发挥市场机制的基础作用，通过价格实时反映供求关系变化，促进资源有效配置，形成城市商业特色，提供差异化商业服务。在激烈的市场竞争中，各类商业主体需要结合自身优势找准市场定位，形成独特卖点，以便更好地满足消费者的多元化需求。同时，市场机制能够激发商业主体的创新活力，在市场竞争的驱动下，商家不断寻求新的商业模式，推出新的产品和服务，以此提高自身经营效率和竞争力。

四、城市商业规划的编制主体与步骤

（一）城市商业规划编制主体

城市商业规划编制主体是商业规划调研、分析以及规划编制工作的具体承担者。城市商业规划编制主体模式可以分为合二为一、组合和委托模式三类。

1. 合二为一模式

合二为一模式是指由商业主管部门承担规划编制工作，商业主管部门既是规划工作的领导主体也是规划的编制主体。由于商业主管部门更为了解所在城市的商业环境、发展需求以及可能的问题和挑战，具有专业的理论知识和实践经验，能够以全局的角度，站在国家和区域利益出发点进行宏观布局和调控。因此，由商业主管部门承担规划编制工作，可以增强商业规划的针对性和可操作性。

2. 组合模式

组合模式是指以商业主管部门为主，邀请综合经济部门、城市规划部门、城建部门，并吸收科研院所有较高理论水平和一定实践经验的专家学者组成专门的规划编制机构。商业主管部门是组合模式的重要参与主体，以实际操作者的角色参与商业规划编制工作，不仅可以为商业规划编制提供实际数据、市场需求信息和经营理念信息等，还可以将商业规划中的理念转化为实际商业项目，从而有利于商业规划的实施。综合经济部门、城市规划部门、城建部门、科研院所等可以在专业技术、理论研究、案例分享等方面给予专业指导和建议，提升商业规划的科学性和前瞻性。组合模式的核心优势在于集成不同群体的智慧和资源，通过跨界合作，使城市商业规划更加精细化、个性化，有利于商业发展与城市空间的协调。

3. 委托模式

委托模式是指将规划编制工作委托给专业化的中介机构或第三方机构，如规划院所、管理顾问公司、高等院校等，利用专业机构的技术优势和专业知识，提高城市商业规划的编制质量和效率，此类模式在实践中应用较为广泛。被委托的第三方专业机构通常是具有丰富经验和专业知识的规划咨询公司、研究单位等，采用科学的方法和工具，进行深入的市场调研、数据分析，设计切实可行的商业规划策略和方案。在此过程中，第三方专业机构需要考虑商业市场环境、消费者需求、交通流量、地理条件等众多因素。该模式中，虽然城市商业规划编制工作主要由第三方机构完成，但政府需要对第三方机构进行有效的监督和管理，确保商业规划的科学性、公正性和公开性。此外，公众参与也是非常关键的环节。编制主体通过民众的反馈和建议，能及时调整和优化规划，使商业规划的编制更加符合民众的实际需求。

（二）城市商业规划编制的主要步骤

城市商业规划编制是指根据特定的目标和要求，通过一系列的步骤和方法，制定出可行性强、可操作性高的规划方案。城市商业规划编制与普通规划编制的过程类似，城市商业规划编制主要包括调查研究、规划文本编写、规划论证、规划修改完善以及规划上报五个步骤[1][2]，如图1-6所示。

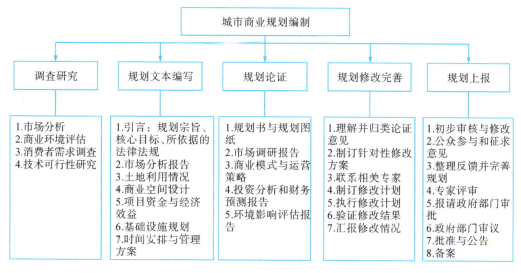

图 1-6　城市商业规划编制流程

1. 调查研究

编制城市商业规划必须深入实际，做好商业网点调查；充分调查分析地区商业发展各方面情况，以及经济、社会、交通、人口分布等情况，获取准确的基础资料[3]。调查研究主要包括以下四个关键部分：

第一，市场分析。市场分析主要集中在当前市场的总体状况，包括但不限于竞争态势、供需平衡、潜在增长领域以及可能的市场壁垒；同时，还要分析各类商业模式的发展趋势和市场占有率，了解当地和区域市场的消费模式、消费者偏好、竞争对手分布情况以及市场饱和度等关键因素。

第二，商业环境评估。商业环境评估主要涉及商业活动所在区域的环境分析，包括交通情况、服务设施、人群分布、安全状况等，此外还需要对政策环境进行评估，例如相关商业法规、税收政策、投资优惠政策等。

第三，消费者需求调查。商业项目的成功与否很大程度上取决于能否满足消费者的消费需求，因此，消费者需求调查对商业发展规划编制至关重要。调查内容主要包括消费者的购买习惯、品牌偏好、价格敏感度，以及特定区域的消费水平和消费趋势等。在进行消费者需求调查时，我们可以通过问卷、访谈、社会媒体分析等方法搜集资料和相关数据，以便细分市场并了解目标消费者的具体需求。

①　王克强，石忆邵，刘红梅. 城市规划原理 [M]. 上海：上海财经大学出版社，2020.
②　张玉婧，王曾，杏含伟.“双碳”背景下城市更新规划编制路径研究：以黄石市中心城区为例 [J]. 城市发展研究，2024，31（8）：13-18.
③　洪亮平，陈鹏宇，乔杰. 从城市设计到“规划中的设计”：兼论国土空间规划中城市设计方法运用 [J]. 城市规划，2024，48（10）：114-121.

第四，技术可行性研究。对商业项目可能采用的技术进行研究，解决商业项目在实施过程中可能遇到的技术问题。

2. 规划文本编写

城市商业规划文本是系统梳理并描述城市商业发展战略和实施路径的重要文件，需要系统反映城市商业规划的构想、策略以及实施步骤。因此，规划编制主体应在对基础资料进行分析研究的基础上，进行城市商业规划文本的编写工作。城市商业规划文本编写内容主要包括七方面：

第一，引言。规划文本引言部分需简要概述商业规划的宗旨、核心目标以及所依据的法律法规框架。

第二，市场分析报告。详细的市场分析报告是商业规划文本中不可或缺的一部分，需要展现市场的现状、发展趋势预测、区域内外的竞争状况，以及潜在的商业机会。

第三，土地利用情况。商业规划需要明确各种商业用地的分布、类型及规模，并配有详尽的土地利用计划和区域评估。

第四，商业空间设计。充分利用消费者行为分析结果和目标市场研究结果，制定商业空间设计准则，确保商业设施满足市场需求。

第五，项目资金与经济效益。财务模型和预算规划部分应具体说明项目资金的组成、来源以及流向，还要对经济效益进行预测分析，提供收益回报率、风险评估等关键财务指标。

第六，基础设施规划。规划文本中还应包含关于人流动线、交通组织、公共服务配套等基础设施的详尽规划，以及环境影响评估、可持续性策略等内容，确保商业活动与区域环境的和谐共生。

第七，时间安排与管理方案。实施时间表和管理方案也需要在规划文本中进行说明，以确保规划从文本到实际操作的顺利过渡。规划文本应当清晰、准确，为所有利益相关方提供必要的信息，共同推动城市商业发展规划的实施。

3. 规划论证

城市商业规划编制单位向论证会议提交全套的规划材料，并解释规划的具体内容，听取专家和公众代表的意见。城市商业规划编制单位向论证会议提交的全套规划材料，内容需详尽且完备[①]。规划材料主要包括五项内容：

第一，规划书和规划图纸。清晰阐述商业用地的选址、规模、功能、布局，以及规划的目标、策略和实施步骤，提供全面的规划蓝图。

第二，市场调研报告。其应包括地区社会经济水平、消费者行为、市场趋势、竞争对手等信息，用于支撑规划决策的科学性。商业环境分析需呈现政策环境、自然环境、社会环境等因素对商业规划可能产生的影响。

第三，商业模式和运营策略。其主要呈现规划所依据的商业理念和商业模式，表

---

① 王雨晨，刘合林，黄亚平，等. 市级国土空间规划编制审批制度改革路径研究：以鄂州市为例 [J]. 规划师，2023，39（5）：83-89.

明如何利用商业资源满足消费者需求，并实现商业价值。

第四，投资分析和财务预测报告。其应包含项目的投资估算、资金筹措、利润预测、风险评估等重要信息，合理反映商业规划项目的经济可行性。

第五，环境影响评估报告。其主要由专业机构编写，客观评估项目对环境可能产生的影响和处置措施。环境影响评估报告的内容覆盖项目规划、设计、运营、评估等各个环节，为论证会议提供全面、深入、科学的评审依据。

4. 规划修改完善

论证结束后，规划编制主体根据论证意见进行修改和完善，对未采纳的意见，应做出书面说明。修改完善的步骤主要为：

第一，理解并归类论证意见。商业规划编制主体需要对收集到的所有论证意见进行深入分析，按照意见的性质（比如规划设计、环境影响、经济效益等）进行归类整理①。

第二，制订具有针对性的修改方案。对于每一类意见，深入分析其背后的原因，制定针对性的修改方案。

第三，联系相关专家。在修改过程中，可能需要联系相关领域的专家进行咨询和建议，以保证修改方案的科学性和可行性。

第四，制订修改计划。基于意见分析和专家建议，制订详细的修改计划，包括修改的内容、方式、时间和责任人等。

第五，执行修改计划。可能涉及重绘规划图纸、重新编写某部分规划文本、调整项目预算等工作。

第六，验证修改结果。修改完成后，应对修改部分进行再次验证，确保规划修改满足论证会议要求，能够解决原有问题。

第七，汇报修改情况。向主管部门或论证会议汇报修改后的规划方案，以便得到进一步的审查和批准。

5. 规划上报

城市商业规划编制完成后，应当按照法定程序上报政府批准，发布施行。规划上报过程如下：

第一，初步审核和修改。规划编制主体对完成的规划材料进行初步审核，确保规划满足法律法规、技术标准、城市总体发展规划等的要求，并根据需要做出相应的调整。

第二，公众参与和征求意见。规划草案需要面向公众进行公示，广泛征集公众、利益相关者和专家学者的意见和建议。

第三，整理反馈并完善规划。规划编制主体根据收集到的意见和建议进行整理归纳，对规划文本进行修订和完善。

① 王飞虎，黄斐玫，黄诗贤. 国土空间规划体系下深圳市详细规划编制探索［J］. 规划师，2021，37（18）：11-16.

第四，专家评审。组织由专家构成的评审团队对规划进行评估，专家评审团通常具有城市规划、经济、环境、法律等相关领域的专业背景。

第五，报请政府部门审批。修订完善后的规划材料提交具有审批权限的政府部门，并附上项目报告，说明规划的必要性、可行性和期望的社会经济效益等。

第六，政府部门审议。政府部门根据规划法律程序进行审议，可能涉及多个部门协调，在审议过程中，可能还有进一步的修改和调整。

第七，批准与公告。规划获得正式批准后要进行公告，以便社会公众知晓和监督实施过程。

第八，备案。根据不同地区的规定，批准的规划可能还需要向上级政府或相关行政机关进行备案。

规划编制的每个步骤均需遵守相应的法定时间限制和程序规定，确保规划的合法性和透明度。实际流程可能因国家和地区差异而异，需根据具体法律法规执行。

本章小结

1. 城市是人类各种活动的集聚场所，是人流、物流、信息流与资金流汇聚的中心。商业是商品交换的发达形式，是独立于社会物质生产之外的一个特殊行业，是第三产业的重要组成部分。城市是商业活动的中心，商业活动促进了城市经济发展。

2. 城市商业区是城市中商业和服务活动集中的地区，通常包括商店、餐厅、咖啡馆、银行、办公楼、酒店，以及其他服务设施。城市商业区逐渐朝着数字化、绿色化、多功能融合化方向发展。

3. 城市商业规划是以建立统一的商业发展体系为目标，以城市商业发展需求和提高人民生活水平为出发点，以优化商业布局和调整市场结构为主线，发挥市场资源优化配置的基础性作用，避免商业无序竞争和商业设施低水平重复建设，促进城市商业协调发展而进行的规划。

4. 城市商业规划编制的主要步骤包括调查研究、规划文本编写、规划论证、规划修改完善以及规划上报。

复习思考题

1. 简述商业的定义及类型。
2. 简述城市商业区的载体，以及城市商业区未来发展的趋势。
3. 简述城市商业规划的概念与分类。
4. 试述城市商业规划编制的主要步骤，城市商业规划编制的基本原则是什么？

第二章

商业布局的基本理论

■本章概要

　　本章主要介绍了杜能的农业区位论、韦伯的工业区位论以及克里斯塔勒的中心地理论，分析了影响商业区位选择的主要因素，介绍了商业布局的基本原则和任务。

■本章重点

1. 农业区位论
2. 工业区位论
3. 中心地理论
4. 商业区位选择因素
5. 商业布局的基本原则

第一节　商业布局理论基础

　　区位理论是研究人类活动，包括产业、城市和区域经济活动的空间组织及优化的理论。商业布局是区位理论在商业活动中的应用，是指通过科学合理的布置，降低商业活动成本，提升商业价值和商业利用率，满足目标消费人群的消费需求。

一、区位论

（一）农业区位论

　　德国农业经济学家杜能，根据在德国北部麦克伦堡平原长期经营农场的经验，于

1826 年出版了《孤立国对于农业和国民经济的关系》一书，对农业区位论思想进行了系统阐述，指出了合理经营农业的一般地域配置原则，提出了农业区位的理论模式①。

杜能在《孤立国对于农业和国民经济的关系》一书中运用抽象演绎的分析方法，提出在一个围绕城市的均质平原上，农业生产的合理布局取决于地租，而地租则由生产成本、农产品价格和运费共同决定，在前两者既定的条件下，农业生产空间的合理布局取决于农产品生产地与消费中心的距离。杜能根据自己多年生产经营实际获得的资料，通过大量计算分析，提出了围绕消费中心，不同类型的农业生产成圈层分布的思想。在杜能的农业区位论中，运费是决定农业空间分布的唯一因素。为了使研究简化，杜能将复杂的地理环境假设为一个简单的"孤立国"。假设条件如下②：

第一，孤立国中唯一的巨大城市位于沃野平原的中央，周围为其农业腹地，距城 50 英里（1 英里＝1.609 千米）之外是荒野，与其他地区隔绝。

第二，城市是其腹地多余产品的唯一市场，并且不从其他区域获得产品供应。

第三，孤立国内马车是唯一的交通工具（当时无火车，暂假定无通航河流）。

第四，具有均质性，即认为各地土壤肥力、气候等地理环境相同。

第五，腹地各农业经营者的能力和技术条件相同。

第六，腹地经营者是追求利润最大化，并且有能力按市场要求调整其农业经营种类的农民。

第七，运费与距离成正比，并且由产品生产者农民负担。

在这些假设条件下，孤立国中不同经营类型的农业将围绕着这个城市呈同心圆环分布。各同心圆环上作物带到城市的最大距离受市场的价格、产地的生产成本和两地的运费三个要素决定。农民获得的利润取决于上述三个变量之间的关系，如下式：

$$P = V - (E + T) \tag{2.1}$$

式中，P 表示利润；V 表示农产品的市场价格；E 表示农业生产成本；T 表示把农产品从产地运到市场的运费。

由于"孤立国"中的唯一城市是全国各地农产品的唯一销售市场，故农产品的市场价格都要由这个市场决定，因此，在一定时期内"孤立国"各种农产品的市场价格是固定的，即 V 为常数。由于"孤立国"各地农业生产条件完全相同，因此各地生产同一农产品的成本也是固定的，既 E 也为常数。因此，V 与 E 之差为常数，故上式可进一步写成：

$$P + T = V - E = K \tag{2.2}$$

上式中 K 表示常数，也就是说，利润加运费等于一个常数。其意义在于只有把运费支出压缩到最小，才能将利润增加至最大。因此，杜能农业区位论所要解决的主要问题可以归于一点，就是如何通过合理布局使农业生产节约运费，从而最大限度地增加利润。

---

① 曹静. 商业布局规划 [M]. 武汉：华中科技大学出版社，2020.
② 刘志迎，现代产业经济学教程 [M]. 北京：科学出版社，2013.

在上述假设条件下，农业生产经济的利润只受体现空间地理位置的距离的影响。由此，我们可以得出以下结论：第一，不论一个地块与中心市场距离远近，只要将它用来种植某种特定作物，其农产品的市场价格与生产成本之差（$V-E$）恒为常数。P（利润）$+T$（运费）$=V$（市场价格）$-E$（生产成本）$=K$。第二，运费（T）是决定利润（P）大小的唯一变量。因此，当任何一种作物的种植区扩展到距离中心市场太远，以至于运费大于或等于市场价格与生产部门成本之差时，利润就会降低到零点，在这样的地区甚至比这更远的地区种植作物出售，显然会造成亏损。因此，当以城市为中心市场区布局农作物时，各种作物的种植范围与城市的距离，都不得超过由$T=V-E$所确定的极限。第三，两种作物分布圈的实际界线并不取决于其中任何一种作物的最大种植极限，而是取决于在同一地点种植不同作物的比较利益。

根据区位经济分析和区位地租理论，杜能提出六种耕作制度，每种耕作制度构成一个区域，而每个区域都以城市为中心，围绕城市呈同心圆状分布，即"农业圈"，如图2-1所示。

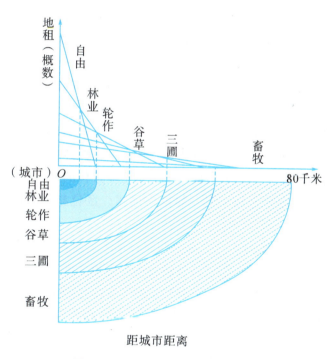

图2-1 杜能"农业圈"圈层结构

第一，自由式农业圈。此圈为最近的城市农业地带，主要生产易腐难运的产品，如蔬菜、鲜奶。由于运输工具为马车，速度慢且缺乏冷藏技术，因此，需要新鲜消费的蔬菜、不便运输的果品（如草莓等），以及易腐产品（如鲜奶等）等就在距离城市最近处生产，形成自由式农业圈。本圈大小由城市人口规模决定的消费量大小而决定。

第二，林业圈。此圈供给城市使用的薪材、建筑用材、木炭等，由于其重量和体积均较大，从经济角度必须在城市近处（第二圈）种植。

第三，轮作式农业圈。此圈以谷物（麦类）和饲料作物（马铃薯、豌豆等）的轮作为主要特色。杜能提出每一块地的六区轮作，即第一区为马铃薯，第二区为大麦，第三区为苜蓿，第四区为黑麦，第五区为豌豆，第六区为黑麦。

第四，谷草式农业圈。此圈为谷物（麦类）、牧草、休耕轮作地带。杜能提出每一块地的七区轮作，即第一区黑麦，第二区大麦，第三区燕麦，第四区、五区、六区为牧草，第七区为荒芜休闲地。

第五，三圃式农业圈。此圈是距城市最远的谷作农业圈，也是最粗放的谷作农业圈。三圃式农业将农家近处的每一块地分为三区，即第一区黑麦，第二区大麦，第三区休闲，三区轮作，即为三圃式轮作制度。远离农家的地方则作为永久牧场。

第六，畜牧业圈。此圈是杜能"农业圈"的最外圈，生产谷麦作物仅用于自给，而生产牧草用于养畜，以畜产品如黄油、奶酪等供应城市市场。此圈之外，为无人利用的荒地。

（二）工业区位论

1909 年，韦伯出版了《工业区位论：区位的纯理论》，对工业区位论进行了系统论述。工业区位理论的理论核心是通过对运输、劳动力，以及聚集因素相互作用的分析，找出工业产品的生产成本最低点，作为配置工业企业的理想区位[①]。

1. 区位因子

韦伯对区位论的一个重要贡献是提出了"区位因子"的概念，并研究各种区位因子对工业分布产生的影响。区位因子，即决定工业空间分布于特定地点的因素。区位因子分为一般因子和特殊因子：一般因子与所有工业有关，如运费、劳动力、地租等；特殊因子与特定工业有关。经过反复分析、筛选，韦伯将影响工业区位的因子抽象为运费、劳动力成本和集聚效益。韦伯提出了决定工业区位的最小成本原理，并提出了一系列有关区位分析的概念和工具，如区位因素、区位指向、原料指数、等运费线等[②]。

为了简化研究，韦伯提出了三个重要假定：第一，原材料产地是已知的；第二，消费地的位置和规模是给定的；第三，劳动力不具有流动性，每个有可能发展工业的地点，都有相应的劳动力供给，而且每类工业的工资率是固定的，在此工资率下，劳动力可以充分供给。韦伯将工业企业寻求最优区位的过程划分为三个阶段：

第一阶段：不考虑运费以外的一般区位因子，即假定不存在运费以外的成本区域差异，影响工业区位的因子只有运费，即韦伯工业区位论中的运费用指向论。由运费指向形成地理空间中的基本工业区位格局。

第二阶段：将劳动费作为考察对象，考察劳动费对由运费所决定的基本工业区位格局的影响，并考察运费与劳动费合计为最小时的区位，即韦伯工业区位论中的劳动费用指向论。劳动费指向论使在运费指向所决定的基本工业区位格局发生第一次偏移。

第三阶段：将集聚与分散因子作为考察对象，考察集聚与分散因子对由运费指向

① 高洪深，汪彬. 区域经济学［M］北京：中国人民大学出版社，2022.
② 韦伯. 工业区位论［M］. 李刚剑，等译. 北京：商务印书馆，1997.

与劳动费指向所决定的工业区位格局的影响，即韦伯工业区位论中的集聚指向论。集聚指向使运费指向与劳动费指向所决定的基本工业区位格局再次偏移。

2. 运费指向论

在给定原料产地和消费地条件下，如何确定仅考虑运费的企业区位，即运费最小的区位，是运费指向论所要解决的问题。运费主要取决于重量和距离，而其他因素，如运输方式、货物的性质等都可以换算为重量和距离。工业生产与分配中的运输重量主要来源于原料（包括燃料）以及最终产品的重量，韦伯从原料（包括燃料）入手，讨论工业区位的问题[1]。

原料按其空间分布状况可以分为遍在原料和局地原料：遍在原料即任何地方都存在的原料，如普通砂石等；而那些只有在特定场所才存在的原料，如铁矿石、煤炭、石油等则为局地原料。根据局地原料生产时的重量转换状况，我们可以将其分为纯原料和损重原料：纯原料即在工业产品中包含局地原料的所有重量，损重原料指原料部分重量被容纳到最终产品中。

运费指向论使用原料指数（material index）判断工业区位指向。原料指数为局地原料重量与产品重量之比。

$$原料指数（Mi）=局地原料重量（Wm）/产品重量（Wp）$$

在工业生产和分配过程中，需要运送的总重量为最终产品和局地原料之和，每单位产品需要运送的总重量为区位重量。

$$区位重量=（局地原料重量（Wm）+产品重量（Wp））/产品重量（Wp）$$
$$=原料指数+1$$

在生产过程不可分割、消费地和局地原料地只有一个的前提下，依据最小运费原理的区位为：仅使用遍在原料时，为消费地区位；仅使用纯原料时，为自由区位；仅使用损重原料时，为原料地区位。我们可以用原料指数或区位重量得出一般区位法则：原料指数（Mi）>1（或区位重量>2）时，企业区位在原料地；原料指数（Mi）<1（或区位重量<2）时，企业区位在消费地；原料指数（Mi）=1（或区位重量=2）时，企业区位在原料地、消费地均可。

在生产过程不可分割、原料地为两个且与市场不在一起时，其区位图形为三角形，即区位三角形，如图2-2中（a）所示；而当原料地为多个且不与市场在一起时，其区位图形为多边形（区位多边形），如图2-2中（b）所示[2]。

① 孙久文. 区域经济学［M］. 北京：首都经济贸易大学出版社，2020.
② 曹静. 商业布局规划［M］. 武汉：华中科技大学出版社，2020.

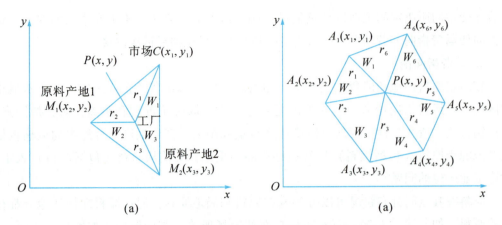

图 2-2　二维坐标中的区位三角形和区位多边形

最小运费指向的是韦伯工业区位论的框架，韦伯用综合等费用线来形象地加以说明。综合等费用线是运费相等点的连线，如图 2-2 所示，设在单一市场 N 和单一原料 M 下，运输一单位重量的原料，每千米需要 1 单位货币；运输一单位的产品，每千米需要 0.5 单位货币；此时表示相同运输费用线将分别围绕 N、M 呈同心圆状分布。对 N 而言，同心圆的一个货币单位的间隔为 2 千米；对 M 而言，则为 1 千米。这种呈同心圆状的线为等费用线，而全部运费相等的点的连线即为综合等费用线。如图 2-3 所示，A 点是原料地 M 的 2 个单位、市场 N 的 5 个单位的等费用线的交点，B 点是原料地 M 的 3 个单位、市场 N 的 4 个单位的等费用线的交点，依次类推，则 A、B、C、D、E、F 各点的连线，即是运费为 7 个货币单位的综合等费用线。

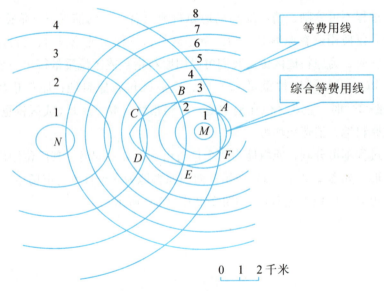

图 2-3　综合等费用线示意图

3. 劳动费指向论

韦伯的劳动费指向论的思路是：工业区位由运费指向转为劳动费指向仅限于节约的劳动费大于增加的运费，即在低廉劳动费地点布局带来的劳动费用节约额比由最小运费点移动产生的运费增加额大时，劳动费指向就占主导地位。对此，韦伯用临界等费用线进行了分析。如图 2-4 所示，围绕 P 的封闭连线，即从运费最小点 P 移动产生的运费增加额相同点的连线，相当于图 2-3 中的综合等费用线。在这些综合等费用线中，与低廉劳动供给地上的劳动费节约额相等的那条综合等费用线称为临界等费用线[①]。

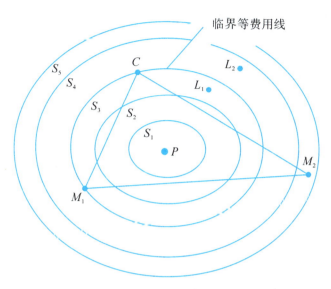

图 2-4 劳动费用最低区位图解

在图 2-4 中，P 为运费最小地点，劳动力低廉地为 L_1、L_2，如果在 L_1、L_2 处布局工厂，分别比 P（最小运费地点）处劳动费低 3 个单位，则标记为 3 的综合等费用线为临界等费用线。L_1 位于临界等费用线的内侧，表示增加的运费低于节约的劳动费，因此，企业区位将移向 L_1 处；由于 L_2 位于临界等费用线的外侧，表示增加的运费高于节约的劳动费，则企业区位将不会转向 L_2 处。

4. 集聚指向论

集聚因子是指一定量的生产集中在特定场所带来的生产或销售成本的降低。集聚因子的作用形态分为两种：一是由经营规模扩大而产生的生产集聚，这种集聚一般是由大规模经营或生产的利益而产生的；二是由多个企业在空间上集中产生的集聚，这种集聚是由企业间的协作、分工和基础设施的共同利用带来的利益所产生的。分散因子是集聚的反作用力，是消除集聚所带来的成本降低。分散因子的作用是集聚结果所产生的，其作用是消除由集聚带来的地价上升造成的一般间接费、原料保管费和劳动费的上升。

韦伯进一步研究了集聚利益对运费指向或劳动费指向区位的影响，认为集聚节约额比运费（或劳动费）指向带来的生产费用节约额大时，便产生集聚。如图 2-5 所示，五个工厂在不考虑集聚情况下的费用最小地点，分布在图 2-5 中的各处。假定当三个

① 曹静. 商业布局规划 [M]. 武汉：华中科技大学出版社，2020.

工厂集聚时，集聚利益可使单位产品节约 2 个货币单位的成本。为了得到集聚利益，工厂必须放弃原有费用最小地点，而工厂移动的前提是由此增加的运费低于 2 个货币单位。图 2-5 中围绕各工厂的封闭连线，是与集聚利益节约成本相等的运费增加额曲线，即临界等费用线。在斜线部分，三个工厂集聚可以带来 2 个单位成本的节约，且均位于临界等费用线内侧，是最有可能发生集聚的区域。因此，发生集聚指向可能性大的区域是多数工厂互相临近的区域。

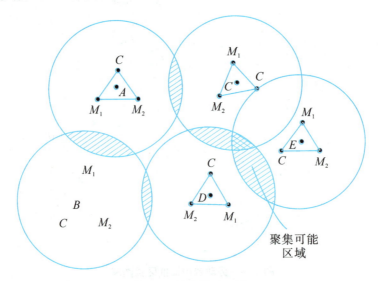

图 2-5　聚集指向图解

韦伯认为，运输费用对工业布局起决定作用，工业的最优区位通常选择在运费最低点上。韦伯还考虑了其他两个影响工业布局的因素：一是劳动费，对于劳动费在生产成本中占很大比重的工业，运费最低点不一定是生产成本最低点，当存在一个劳动费最低点时，劳动费同样会对工业区位产生影响；二是聚集力，即企业规模扩大和企业在一定地区集中带来的规模经济效益和企业外部经济效益的增长。

（三）中心地理论

中心地理论由德国地理学家 W. 克里斯塔勒（W. Christaller）提出。其在著作《德国南部的中心地——关于具有城市职能聚落的分布与发展规律的经济地理学研究》中，系统地阐述了对地理学尤其是聚落地理学具有重大影响的中心地理论。

1. 基本概念

要了解中心地理论，首先要明确以下五个基本概念：

（1）中心地。中心地可以是一个镇、一个城市或大的居民聚集点，也可以是商业或服务业的中心，是指可以为该地区消费者提供各种商品和服务的地方。

（2）中心性。中心性是中心地所起的中心职能作用的大小，可以理解为一个地点对周围地区的相对意义的总和。

（3）商品服务范围。中心地提供的每一种货物和服务都有其可变的服务范围。商品供给范围的最大极限是商品服务范围的上限，即能够到达消费者手中的中心地的某种中心商品的空间边界，消费者对中心商品的需求决定了商品服务范围的上限；供给商品的商店获得正常利润所需要的最低限度的消费者范围是商品服务的下限，也称为门槛值。

（4）中心商品与中心地职能。商品服务范围的上限和下限都很大的中心商品为高级中心商品，而商品服务范围的上限和下限都很小的中心商品则为低级中心商品。高级中心地职能是指供给高级中心商品的中心地职能，低级中心地职能则相反。

（5）中心地等级。中心地等级的确定一般受中心地能够提供货物和服务能力的影响。

2. 市场原则基础上的中心地系统

克里斯塔勒认为在市场原则基础上形成的中心地空间均衡是中心地系统的基础，并以下列条件为基本前提[①]：

第一，研究的区域是一块均质的平原，其上人口分布均匀，居民收入水平和消费方式完全一致；

第二，有一个统一的交通系统，对同一等级规模的城市便捷性相同，交通费用与距离成正比；

第三，厂商和消费者都是经济人；

第四，平原上货物可以完全自由地向各方向流动，不受任何关税或非关税壁垒的限制。

基于上述前提，克里斯塔勒认为，对于一个孤立的中心地，其理想的服务范围是圆形。每个孤立的中心地控制的市场区在理论上是一个圆形区域，其大小取决于中心地厂房所要获得的经济补偿。满足中心地厂商生存所必须获得的基本收益的市场区范围称为市场门槛范围。如果市场区小于门槛范围，那么厂商无法生存（即平均成本 AC>平均收益 AR），中心地也无法维持下去。圆形面域在市场区之间会留"空白"，空间竞争导致更多厂商进入，直至各中心地的圆形市场区彼此相切，但仍会留有"空白"。因此，某种商品任意两个生产者的市场区间的交界线必定是直线，圆形市场部分重叠，以市场圆的交点做弦，则可以把市场区划分为正三角形、正四边形和正六边形。由于相同半径圆内接正六边形面积最大，可以使厂商利益最大化，使所有居民均可享受到服务，因而，当一个区域内具有多个同级中心地时，中心地的理想服务范围就会变为正六边形，如图 2-6 所示，中心地所在的正六边形就构成了最基本的地域细胞。克里斯塔勒认为，在一个中心地域之中，不同等级的中心地按一定的数量关系和功能控制关系形成一个等级体系，一个区域内中心地个数之和为 K，其他被用做中心地空间组织体系的特征量[②]。

① 孙久文. 区域经济学［M］. 北京：首都经济贸易大学出版社，2020.
② 曹静. 商业布局规划［M］. 武汉：华中科技大学出版社，2020.

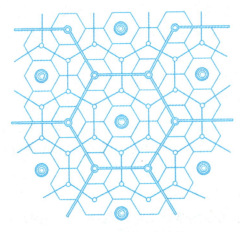

图2-6　正六边形中心地

　　市场原则下形成的中心地系统，各中心地的市场区域比比其低一级的中心地市场区域大2倍。也就是说，等级m（m>1）中心地的市场区域内包含着3个等级m-1中心地的市场区域。如图2-7所示，B级中心地的市场区域包含1个完整的K级中心地市场区域（中心部），在其周围还有6个K级中心地市场区的1/3部分。因此，1个B级中心地的市场区域等于1+1/3×6=3个K级中心地的市场区域。以此类推，可以得出各等级中心地间的区域数量具有如下关系，即1，3，9，27，81，…，按3的倍数变化，因此，市场原则基础上形成的中心地系统也称为K=3的中心地系统。

　　K=3等级体系，称为市场最优原则。K=3适合于城市内部和发达地区的商业联系，即高级中心地服务的聚落个数是低一级中心地服务的聚落个数的三倍；高一级中心地的市场面积是低一级中心地市场面积的三倍，市场区系列为1，3，9，27，81，…；中心地系列为1，2，6，18，54，…，即一个高一级的中心地，有2个次一级中心地，6个更低一级的中心地……

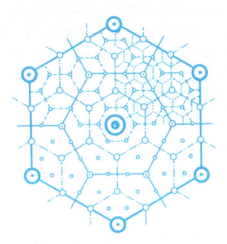

图2-7　市场原则下的中心地系统

市场原则的最大缺陷在于难以合理布局交通系统。围绕 A 级中心布局的六个 B 级中心正好位于 A 级中心市场六个角的顶端。因此，以 A 级中心为枢纽的交通干线系统在布局上应采用从中心点向六个角的顶端辐射的形式，以通过最近的线路把 A 级中心与 B 级中心连接起来。但这样的布局，线路连接的中心点最少。由 A 级中心向外延伸的交通线完全不经过 C 级中心，只经过一部分 D 级中心，这会使交通干线的作用受到限制。从 A 级与 B 级中心到许多 C 级与 D 级中心的运输都必须绕道。而且，在两个相邻的 A 级中心之间没有直接的线路相通，而大都市之间的交通联系往往是非常重要的。为了克服这一缺点，克里斯塔勒设计了一种 K=4 的城市与市场网络体系。

3. 交通原则基础上的中心地系统

交通原则基础上的中心地系统以最有效的交通网为前提，应尽可能使重要的中心地位于同一条交通干线上。每个中心地布局在两个比自己高一级的中心地交通线的中点。

从图 2-8 中可以发现，一个完整的 n-1 级中心地和 6 个 1/2 的 n-1 级中心地的市场区域组成 1 个 n 级中心地的市场区域，即 1 个 n 级中心地的市场区域内包含着 1+（1/2×6）＝4 个 n-1 级中心地的市场区域[①]。

各等级中心地的市场区域关系为 1，4，16，64，256，…。因此，K=4 的中心地系统就是在交通原则基础上形成的中心地系统。每个 n-1 级中心地包含在 2 个等距离的 n 级中心地，每个 n 级中心地包含 6 个类似的 n-1 级中心地。即每个 n 级中心地的市场区域内包含着 1/2×6=3 个 n-1 级中心地，12 个 n-2 级中心地（小黑点），以及 48 个 n-3 级中心地。交通原则基础上形成的中心地系统的中心地数量关系为 1，3，12，48，192，…。

从市场区范围看，高一级中心地的市场区面积是低一级中心地的 4 倍，市场区级别为 1，4，16，64，…；从中心地的数量关系看，一个高一级的中心地，有三个次一级的中心地，12 个更次一级的中心地，中心地系列为 1，3，12，48，…。

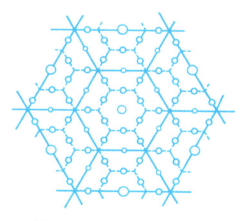

图 2-8　交通原则下的中心地系统

①　曹静. 商业布局规划［M］. 武汉：华中科技大学出版社，2020.

4. 行政原则下的中心地系统

行政原则下的中心地系统与前两类不同，具有以下特点：低级中心地从属于一个高级中心地，政府在进行行政区域划分时，尽量不把低级行政区域划分开，使其完整地从属于一个高级行政区域。

从图2-9可以看出，1个n级中心地的市场区域大致包含7个n-1级中心地的市场区域，n级中心地市场区域内拥有6个n-1级中心地。因此，以行政原则为基础的中心地系统中，各级中心地市场区域为1，7，49，343，…，以7的倍数递增，即K=7的中心地系统[①]。

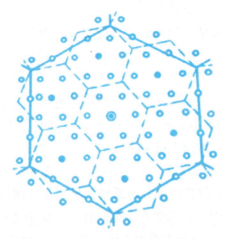

图2-9 行政原则下的中心地系统

二、商业区位因素

商业区位因素是指在特定地点进行商业活动比其他地点进行同种活动可能获得更大利益的各种影响因素的集合。根据区位论，商业区位因素主要包括经济因素、空间因素、自然因素。

(一) 经济因素

经济因素种类多、情况复杂、具有很大不确定性，对商业区位选择的影响较为灵活。商业区位选择主要受经济因素中市场需求、地价、劳动力等的影响。

1. 市场需求

市场需求是影响商业区位选择的重要因素之一。市场需求是消费者需求的总和，因此，市场需求对商业区位选择的影响主要表现在消费者上，人们应根据消费者数量、购买力等选择商业区位。

第一，消费者数量。只有最大限度地满足消费者所需要的物质消费，才能实现商业利润的最大化。按照商圈理论，规模大的商业区需要更为庞大的消费需求支撑，而

---

① 曹静. 商业布局规划 [M]. 武汉：华中科技大学出版社，2020.

庞大的消费需求依赖于更大的人口规模，因此，商业区位一般选择在人口密度较大的区域，人口密度大的区域意味着更大的消费者数量，自然也拥有更大的消费需求。

第二，消费者购买力。决定消费者购买力的最主要因素是消费者收入。居民购买意愿的实现取决于收入。商业的结构、种类以及发展水平都取决于区域内的消费者的收入水平。一般而言，高收入市场区域中每个家庭的平均消费量更大、消费档次更高，因此，人们一般会在此处布局高级购物中心。

2. 地价

地价是指用来购买土地效用所付出的经济代价，地价的高低受到空间关联性、交通便利程度、周边环境满意度等因素的影响。城市中心通常具有极佳的空间关联性和便捷的交通可达性，因此，城市中重要、高级的商业均集中于城市中心。一般来说，区位条件越好的区域，地价也越高，地价会随着与城市中心的距离的增加而降低，商业也会随之变少。但是，某些地段虽然距离城市中心较远，但拥有消费者高满意度的环境，其地价也会上升。选择一个区位布局商业的前提条件就是在该地的地价成本要低于在该地的商业总收益减去其他经营成本的剩余收益。

3. 劳动力

劳动力资源、劳动力文化水平、劳动技能以及工资水平对商业区位选择有着重要的影响。劳动力成本的空间差异直接影响了企业的运营成本，劳动力成本相对较低的区域是劳动密集型产业的优选区位，例如，需要劳动力较多的商业集团，劳动力成本在企业支出中占有较大比重，在其他条件相同的情况下，企业会倾向选择在工资水平相对较低的区域布局，以减少企业劳动力成本支出，实现商业利润的最大化。

(二) 空间因素

空间因素对商业区位选择的影响主要包括空间位置、空间集聚以及空间关联等。

1. 空间位置

空间位置的交通条件越好，吸引和集聚的常住人口及企业单位越多。交通设施条件好的位置能够有效降低购物者的时间成本，降低空间费用。因此，交通便利的商业中心，通常拥有广阔的客源，商品销售范围大，有利于扩大商业规模，提升商业等级。从宏观角度来看，空间位置的交通状况可从通达程度、枢纽程度、道路密度三个方面来衡量；从微观角度看，地区的具体交通状况主要包括道路性质和道路结构两个方面。道路性质分为轨道交通、干路、支路、居民区内部道路四级。轨道交通沿线地价较高，经济密度也较高，有助于提升商业价值，是商业区的首选之地；城市交通干道主要用来运输人流和货物流，并不能创造商业机会，快速通过的车流还可能带来不安全隐患。

2. 空间集聚

空间集聚是指商业布局相对集中于某个空间的状态，企业可以共享基础设施、公共设施、交通等。集聚可以分为不同的层次，先进和高档的商业设施一般集聚在城市中心，而相对落后和低档的商业设施一般集聚于区级、社区级的区域中心。商业空间集聚能够充分、集约地利用城市土地和基础设施，各类商家的错位经营也可形成互补效应，提高商业知名度，吸引资本加入，形成商业集聚区规模效应。

3. 空间关联

空间关联是指商业设施之间，或者商业设施与其他相关设施间形成的空间关系。根据关联角度的不同，其可以分为服务主体主导型关联和商品主导型关联。服务主体主导型关联是指以所服务的消费者为纽带形成的商业设施关联，商业设施之间的关系较弱，但却都与服务主体有很强的关系。商品主导型关联是指以商品间的关系为主导的关联，如根据专门性和专业性用途相关联的商业集群。

（三）自然因素

自然因素是商业发展与布局的前提。自然条件为商品流通提供了必要的场所和空间，奠定了商品在各国、各地区之间形成流通网络的基础。自然条件影响和制约着商品流通网络在各地区的分布范围的宽度和广度。在一定的生产力水平条件下，拥有严酷、恶劣自然环境的地区往往人烟稀少且交通闭塞，商品流通存在较大障碍，很难被其他地区的商品流通网络覆盖，商业活动相对较少。此外，自然环境还会对商业区的布局形式产生影响。例如，在人口稀疏的山区，固定商业网点不能设置得过于密集，而灵活流动服务型的经营方式更加方便群众消费；相反，在人口密集且交通便利的平原地区，则应以一定规模的固定商业网点布局为主。

第二节　商业布局原则和任务

一、商业布局的基本原则

商业布局是商业经济活动的空间形式，是将商业经济活动的各环节、各部门、各商业组织科学合理地在地域上组织起来，实现整个区域商业经济的协调发展。结合商业布局实践，商业布局应遵循以下五个基本原则。

（一）商业布局与区域整体布局相协调

第一，商业布局要与区域经济发展相协调。商业行使社会再生产环节中的交换职能，并兼顾分配和指导消费的职能，商业布局要与经济基础和生产力发展水平相适应，商业布局的规模与速度，要与区域经济发展水平相协调。

第二，商业布局要与区域规划目标相一致。商业布局应遵循区域经济发展规划，尤其是人口密集、经济发达的城市，商业布局必须与城市总体发展规划相一致，围绕城市商业设施与商品流通高效协调的发展目标优化商业布局，既不能脱离，也不能超越城市规划总体发展目标。

（二）商业布局以交通条件为前导

第一，交通设施是商业布局的参考因素。交通设施是保障交通线路和工具实现运输活动、完成商业活动的关键性环节。交通设施包括交通设施硬件，如设备的完好程度，以及交通设施软件，如设备管理的规范手段。

第二，交通路网是商业布局的必备因素。商流、货流、人流、客流，均在交通路网上移动。交通路网可以吸引附近的商品和消费者向商业区集中，还可以把商业区的商品向四周延伸辐射。

（三）商业布局与区域购买力接近

第一，区域门槛人口是商业布局的基础。门槛人口，即各种类型商业区实现正常运转的最低人口限量。每一个商业区或每一种商品，都有各自供应的范围，如图2-10所示。已建商业区或商店，未来布局重点考虑理想人口范围，即努力扩大供应范围，可以采取飞地布点的方式。未建商业区或商店，未来布局立足于门槛人口范围，即与所供人口可实现的购买力相匹配，在此基础上，扩展至实现人口范围。

图2-10　商业区供应人口范围

第二，流动人口是商业布局的保障。随着商业的发展和交通条件的改善，商业服务人口中流动人口的占比不断增加。大城市的大型商业中心区，流动人口购物比例大约占商业区商品流通额的4/5。因此，准确预测流动人口的流量和流速，对于城市商业布局至关重要。

第三，社会集团购买力是商业布局的补充。社会集团形成购买力有两种情况：一是固定社会集团购买力，如本区域各级政府机关、行政事业单位、工厂、学校等形成的购买力；二是流动社会集团购买力，如在本区域施工的建筑工程队、地区探队、驻防部队等随机形成的购买力。

（四）商业布局以消费需求为引导

第一，商业布局应考虑消费者的承受度。商业群体的规模、风格，商业单体设施的档次、环境，均应以当地居民的消费习惯为参数，以广大消费者的心理承受度为标尺。

第二，商业布局应具有超前意识。商业布局既不能脱离消费者的现实需求，也不能受现有消费习惯的束缚；既要满足传统消费的物质需求，也要满足时尚潮流的品质追求。因此，商业布局应适度超前，引领消费者逐渐适应现代商业发展趋势。

二、商业布局的任务

（一）优化资源配置

政府在深入分析区域内资源分布、需求、利用情况的基础上制定商业布局方案，可以确保土地、人力、资本、技术等要素的合理配置和有效利用，优化区域资源配置，提高商业活动效率，降低商业运营成本。

（二）促进经济发展

合理的商业布局，可以刺激市场需求、吸引投资、创造就业机会，推动区域经济发展。政府进行商业布局应充分结合区域经济的发展阶段和特点，制定针对性的商业发展策略，以最大化商业活动的经济贡献。

（三）满足社会需求

在商业布局过程中，政府要充分了解地区居民的生活习惯、消费习惯和出行习惯，提供便捷的购物环境和优质的服务；同时，也要满足企业的商务需求，为企业提供良好的商务环境和发展空间；此外，还需考虑社会公共需求，如提供便捷的公共交通、舒适的绿化空间等。

（四）提升环境品质

政府进行商业布局需要考虑环境的可持续性，尽量减少对环境的负面影响。在商业布局的过程中，通过绿化美化措施，营造宜人的商业环境，同时，注重提高土地利用率，降低能源消耗率，不仅增强了消费者的购物体验，还提升了地区的环境品质。

（五）应对市场变化

在商业布局的过程中，政府需要充分了解市场需求的变化趋势，如消费者偏好的变化、市场竞争状况等；同时，还需要对市场未来发展趋势进行预测，以便及时调整商业布局策略，保持商业布局的前瞻性和灵活性，以更好地适应市场需求，应对市场变化。

（六）增强区域竞争力

科学合理的商业布局，可以提供优质的商业环境和公共服务，吸引更多的投资和人才流入，助力区域竞争力提升。同时，特色化的商业发展布局策略，可以避免区域间的同质竞争，形成独特的区域价值和竞争优势，提升区域综合竞争力。

本章小结

1. 杜能的农业区位论解释了农业生产方式的地域配置原则。韦伯的工业区位论提出了区位因子的概念，并系统阐述了运费指向论、劳动费指向论和集聚指向论。克里斯塔勒的中心地理论，系统阐述了市场原则、交通原则和行政原则下的中心地系统。

2. 商业区位选择要综合考虑经济因素、空间因素以及自然因素。

3. 商业布局应坚持与区域整体布局相协调、以交通条件为前导、与区域购买力接近、以消费需求为引导的原则。

4. 科学合理的商业布局，有利于优化区域资源配置，促进区域经济发展，满足社会多元需求，提升区域环境品质，应对市场变化，增强区域综合竞争力。

复习思考题

1. 简述中心地理论的基本思想。
2. 简述影响商业区位选择的因素。
3. 简述商业布局的基本原则。

第三章

商业网点规划的基本理论

■本章概要

　　本章首先介绍了商业网点规划的对象、体系和任务，接着介绍了商业网点规划的基本原则，同时对商业网点规划的方法论进行了分析，最后分析了商业网点发展的趋势。

■本章重点

1. 商业网点规划的对象
2. 商业网点规划的体系
3. 商业网点规划的基本原则和方法论

第一节　商业网点规划的对象、体系和任务

一、商业网点规划的对象

　　商业网点指根据网点建设规划管理需要所界定的从事商品流通、为生产经营和生活服务的单体商业经营场所或在同一区域内统一开发、统一经营或统一管理的综合商业经营场所，包括零售商店、商品交易市场、旧货市场、汽车交易市场、物流基地、餐饮店及其他生活服务业设施等。而商业网点规划是"根据城市总体规划和商业发展的内在要求，在充分反映城市商业发展规律的基础上，对城市未来商业网点的商业功

能、结构、空间布局和建设规模所做的统筹设计"①。根据《城市商业网点规划编制规范》，商业网点规划的主要编制对象可以分为三类，即商业空间、商业网点和商业业态②。

商业空间，是指城市各类商业网点和业态在一定范围内集聚而形成的以商业和服务业为主要功能的城市空间，是城市空间的重要构成部分，规划中常见的商业空间主要包括商业中心或商圈、市场集群和商业街（区）。商业网点，是指为生产经营和居民生活提供商品和服务的各种经营场所。根据《商业网点分类》（GB/T 34401-2017），我们可以把商业网点分为商品流通类网点和商贸服务类网点。商品流通类网点根据经营范围和经营方式的不同分为零售类网点、商品交易市场类网点、商贸物流类设施和相关专业网点；商贸服务类网点根据服务内容不同分为餐饮服务类网点、住宿服务类网点、娱乐类网点和居民服务网点③。

在目前的研究和实践中，商业业态主要指的是零售业态，目前有针对零售业态的国标，但没有针对商业业态的国标，所以，本书的商业业态不仅仅是指零售业态，而是泛指商业的经营形态。所以其不仅包括《零售业态》（GB/T18106-2021）中的有店铺零售和无店铺零售两大类，而且包括提供批发及相关服务的商业经营形态。

二、商业网点规划的体系

商业网点规划属于多学科交叉领域，主要涉及经济地理学、商业地理学、城市规划学以及零售学等学科内容。这些学科的发展为商业网点规划提供了系统的理论支撑。

经济地理学研究工业、商业等经济活动空间分布规律，揭示商业活动的空间分布规律及其形成机制。中心地理论的"中心地-腹地"的等级体系，指导商业网点按服务范围分层布局；六边形市场区优化商业设施的空间覆盖范围，避免服务空间空白，同时也为不同业态确定了最小服务人口的门槛范围。而区位理论的交通导向指导批发市场、物流中心沿交通线分布；集聚经济引导商业综合体布局；竞租曲线为城市内部商业区位选择提供依据。新经济地理学的路径依赖解释了传统商圈演化及其历史延续性，规模报酬递增效应指导特色商业街区的布局。

商业网点规划是研究商业网点的空间分布和组合规律的应用性、实践性科学，是城市总体规划、城市商业发展和城市综合竞争力的重要组成部分，对于健全市场体系、提升商业品质、优化业态布局、促进城市发展和改善民生意义重大。在相关理论的指导下，商业网点规划基本形成"三级商业体系"的规划内容，包括市级（副）商业中心、区级商业中心、社区商业中心布局和卫星（城关）镇商业规划层级，对打造完善的城市商业空间体系至关重要。

① 城市商业网点规划编制规范［EB/OL］．（2004-04-13）［2025-06-09］．http://m.mofcom.gov.cn/article/acgfxwj/202108/0803186121.shtml.
② 朱皓云. 现代商业网点规划理论与实践［M］．北京：中国财政经济出版社，2020.
③ 贾世冬，王玑琨，罗杰含，等. 商业网点分类 非书资料：GB/T 34401-2009［S］．中华人民共和国国家市场监督管理总局，中国国家标准化管理委员会，2017.

三、商业网点规划的任务

商业网点规划是实践性和应用很强的科学，商业网点源于商业贸易的产生和发展，是城市商业发展的基础；商业网点规划也是流通产业政策的重要内容，能助推发挥区位资源产品比较优势，形成区域性商品流通体系。

商业网点规划主要为城市居民生活消费服务。政府通过科学规划，能促进商业网点合理布局，改善购物环境，提高服务品质，满足不同人群的生活消费需求，创造便民、利民、舒适、和谐的生活环境。

商业网点规划通过引导企业投资行为，避免企业之间盲目竞争，有效引导竞争，为建立公平、统一、竞争有序的市场体系提供重要保障，促进地方经济快速发展。

第二节 商业网点规划的基本原则[①]

一、以人为本，远近结合，协调发展的原则

"以人为本"是商业网点规划的出发点，社会发展的根本目的是人的全面发展，满足人民群众多方面的需求。所以商业网点规划应把人的利益放在首位，方便人们的消费需求，提升人们的生活质量、发展潜能和幸福指数。

"远近结合"主要从规划的时间周期方面考虑，政府在制定商业网点发展规划时，既要考虑眼前的现实情况，又要具有前瞻性思维，还要考虑未来发展空间，避免短视行为，确保商业网点发展的可持续性。

"协调发展"是要求在做商业网点发展规划的时候要保持平衡性发展：一方面是各类商业网点之间的平衡；另一方面是商业网点与外部环境条件的协调平衡，与其他经济、社会和环境等各个方面实现平衡、协调和可持续发展。

二、结构调整、布局优化、改造与新建相统筹的原则

消费者需求在不断地变化，商业网点规划应根据消费者需求的变化进行结构调整，充分利用现有资源，实现资源的合理配置和高效利用，整合内部和外部资源，优化资源配置，提升商业网点的整体竞争力和服务能力。空间布局是商业网点结构调整和优化的重要内容之一，政府应充分考虑网点的地理位置、周边环境、交通便利性等因素，合理规划商业网点的空间布局；优化空间布局，提升网点的可达性和吸引力；使商业

---

① 城市商业网点规划编制规范 [EB/OL]. (2004-04-13) [2025-06-09]. http://m.mofcom.gov.cn/article/zcgfxwj/202108/20210803186121.shtml.

网点的总量要与人口规模相适应，通过改造与新建相统筹，确保适度的商业网点总量规模。

三、大型商业设施建设与中小商店生存发展相结合的原则

在城市规划和商业设施建设中，大型商业设施侧重于品牌化、规模化经营，能满足消费者多样化、高品质的需求；而中小商店有灵活性、个性化的优势，能满足消费者的日常需求和特定偏好。所以在资源利用方面，大型商业设施与中小商店应实现资源共享与互补；大型商业设施可以提供先进的物流、信息技术等，帮助中小商店提高经营效率；同时，中小商店也可以利用自身在地域、人员等方面的优势，为大型商业设施提供市场信息和本地化服务。所以政府在进行商业网点规划时，应充分考虑中小商店的布局和发展需求，通过科学合理的规划，实现大型商业设施与中小商店在空间布局上的协调发展，避免过度竞争和资源浪费，以实现大型商业设施与中小商店应错位发展优势互补。

四、坚持可持续发展的原则

可持续发展，作为一种综合性的发展理念，强调在满足当代需求的同时，不损害未来世代满足自身需求的能力。商业网点的可持续发展强调商业网点在追求经济利益的同时，兼顾环境保护和社会责任。所以，商业网点规划应坚持绿色发展，降低资源消耗和环境污染，确保经营活动的长期可持续性。此外，商业网点规划的可预测性，让政府能制订具有前瞻性的战略规划，以应对潜在的风险和挑战。

五、规划的调控功能与市场机制的基础作用相结合的原则

商业网点规划既要充分发挥市场机制的活力和效率，允许商业主体根据市场需求和自身条件进行自主决策，激发市场主体的活力，促进经济的创新和发展，让市场在资源配置中起决定性作用；又要通过政府政策手段，对市场进行必要的引导和干预，以避免市场出现过度波动或失衡。我们要发挥规划的引导和调控作用，以实现经济的持续、稳定、健康发展。

六、技术进步的原则

技术进步是推动社会发展和经济增长的核心动力，在信息化、智能化的时代背景下，技术进步对于网点规划与发展至关重要。技术进步不仅可以提升网点运营效率，还能改善客户体验，增强市场竞争力。商业网点规划通过积极引入新技术、新工艺和

新方法，推动业务模式和服务方式的创新，通过技术创新，不断提升网点的服务质量和效率，满足客户日益增长的需求。商业网点也应逐步采用智能化设备，如自助服务终端、智能机器人等，提升服务效率和客户满意度；同时，通过智能化设备的应用，降低人工成本，提高运营的可持续性。

第三节　商业网点规划的方法论

商业网点规划是一项系统性、综合性极强的工作，涉及市场调研与分析、网点总量预测与布局、选址与交通规划、商圈定位、竞争分析、消费者行为分析、风险评估及持续优化等多个方面。所以，商业网点规划是一个系统工程，需要采用系统的方法，把各个要素纳入一个系统中考虑；需要在对现状进行详细调研的基础上，经过深入分析，基于"调查—分析—规划"方法论进行深入规划布局。本书主要围绕商业网点规划实践中所运用的系统论和"调查—分析—规划"方法论，详细阐述商业网点规划的方法论，旨在为相关实践提供指导。

一、系统方法论

系统论是研究系统的一般模式、结构和规律的学问，是研究各种系统的共同特征，用数学方法定量地描述系统功能，寻求并确立适用于一切系统的原理、原则和数学模型，是具有逻辑和数学性质的一门新兴科学。其基本思想是把研究和处理的对象看作一个整体系统，主要任务是以系统为对象，从整体出发来研究系统整体和组成系统整体各要素的相互关系，从本质上说明其结构、功能、行为和动态，以把握系统整体，达到最优的目标。系统论包含系统、要素、结构、功能四个概念，揭示要素与要素、要素与系统、系统与环境之间的关系。

> **知识关联：**
> 路德维希·冯·贝塔朗菲（Ludwig Von Bertalanffy，1901–1972），美籍奥地利理论生物学家和哲学家，创立了20世纪具有深远意义的一般系统论。

系统论的创立者是美籍奥地利人、理论生物学家路德维希·冯·贝塔朗菲（Ludwig Von Bertalanffy）。他在1932年提出了"抗体系统论"，并在1937年提出了一般系统论原理，奠定了这门科学的理论基础。他的专著《一般系统理论基础、发展和应用》被公认为系统论的代表作。

系统论认为，所有系统都具有一些共同的基本特征，如开放性、自组织性、复杂性、整体性、关联性、等级结构性、动态平衡性和时序性等。这些特性不仅反映了系统的基本思想观点，也构成了系统方法的基本原则。因此，系统论不仅是反映客观规律的科学理论，还具有科学方法论的含义。

系统论是商业网点规划的基本方法。一个完整的商业网点规划需要在对商业网点现状进行详细调研的基础上，对宏观经济环境、消费者需求、竞争状况以及政策法规等进行分析和评估，确定商业网点发展的目标和方向，确定商业网点的功能、空间布局和定位，以及网点规划发展的重点方面及领域，最终形成切实可行的网点规划方案。整个过程，贯穿了系统论的基本思想，商业网点规划的各部分相互影响、相互关联，组成了一个复杂的商业网点系统。

二、"调查—分析—规划"方法论

此方法论是由苏格兰生物学家、人文主义规划大师帕特里克·盖迪斯（Patrick Geddes）提出的。帕特里克·盖迪斯是西方区域综合研究和区域规划的创始人。他在城市规划领域做出了卓越的贡献，强调城市应被视为一个有机体，并引入了区域规划理论。他认为只有通过认真地调查得到基础的数据和资料，才能在分析数据和资料的基础上进行规划，即"调查—分析—规划"的城市规划体系，而且要注重挖掘地方特色，并保护地方特色，这些特色都是独一无二的。"调查—分析—规划"也是商业网点规划采用的主要方法，其要求在详尽的市场调研分析的基础上，找出商业网点规划存在的问题，为后续的规划工作提供有力证据和切实可行的策略方案。

> **知识关联：**
>
> 帕特里克·盖迪斯（Patrick Geddes）是苏格兰生物学家，人文主义规划大师，西方区域综合研究和区域规划的创始人。[1]

第四节　商业网点发展的趋势分析

商业网点是指商业的经营场所，主要指线下的经营场所，也就是实体店铺[2]。所以商业网点发展的趋势，也是实体店铺发展的趋势。

一、商业网点服务个性化

当前，消费者对于个性化服务的需求日益增长，人工智能、大数据、物联网等先

---

① 肖波. 人文城市建设研究：以六盘水市为例［M］. 贵阳：贵州大学出版社，2017.
② 实体店铺的未来发展趋势展望［EB/OL］.（2025-03-24）［2025-06-09］. https://www.sohu.com/a/742365501_121781588.

进技术快速发展，为消费者进行个性化定制服务提供了可能。商业网点利用这些技术可以提供定制化的产品、个性化的服务或者举办主题活动等，以吸引消费者的注意力，增加他们的购买欲望。定制化服务可以进一步提升网点服务水平及消费者忠诚度。个性化已成为商业网点提升竞争力的重要策略。

二、商业网点营销社交化

随着社交媒体的广泛应用，更多的商业网点采取社交化营销，利用社交媒体平台，借助用户生成内容及明星产品等进行营销。社交化已经成为商业网点发展的重要趋势。区别于线上购物，线下网点能够提供消费者与他人进行实时互动和交流的场所。未来商业网点可以通过举办线下社交活动、提供舒适的休闲空间等方式，创造社交氛围，吸引消费者前来购物。此外，商业网点还可以利用社交媒体平台，与消费者进行互动和沟通，增加消费者与品牌的互动频率。

三、商业网点更注重客户体验

商业网点为了更好地提升竞争力，更注重提升客户体验，丰富消费者的商品体验及增值服务，以提高客户忠诚度并维护品牌形象。商业网点可以通过统一的形象体系增加门店的视觉识别能力，并通过门店识别系统向消费者传达店铺理念；利用线下优势，配合门店产品及服务人员，打造独一无二的声音体验系统，带给顾客更好的体验感受；做好产品定位、产品的陈列、产品的现场体验，准确的产品定位以及富有创意的陈列，可以更好地匹配消费者需求；能充分利用社交媒体碎片化的特征，通过更多的线下服务打造稳固的用户关系，增加消费粘性。

四、绿色可持续发展

商业网点通过采用环保材质，降低能源消耗等措施，能使店铺的环保性能得到显著提升，也能改善环境质量、增强公众责任意识，同时满足消费者日益增长的环保意识追求。商业网点采用先进的技术对供应链进行绿色数字化改进，完善供应链管理，可以增强供应链的敏捷性和灵活性，绿色数字化进一步提升了供应链的可持续性；通过绿色数字化技术引导消费者树立更加负责任和可持续的消费观念，实现商业的绿色可持续发展。

五、线上线下融合

实体店与电子商务之间的界限日益模糊，线上线下融合正成为商业网点的发展方向。商业网点通过搭建线上销售通道、提供线上预定和支付服务等方式与消费者产生互动；通过即时零售，使线上交易平台、线下实体零售商、品牌商、配送物流商在内的零售体系高效整合，为消费者提供更便捷的购物享受，实现平台和商业网点的合作共赢。

本章小结

1. 商业网点指根据网点建设规划管理需要所界定的从事商品流通、为生产经营和生活服务的单体商业经营场所或在同一区域内统一开发、统一经营或统一管理的综合商业经营场所。商业网点规划的主要编制对象可以分为三类，即商业空间、商业网点和商业业态。

2. 商业网点规划属于多学科交叉领域，主要涉及经济地理学、商业地理学、城市规划学及零售学等学科内容。这些学科的发展为商业网点规划提供了系统的理论支撑。

3. 城市商业网点规划要为城市居民生活服务，通过科学规划，促进商业网点合理布局；要引导企业投资行为，避免企业之间盲目竞争，有效引导竞争。

4. 商业网点规划的基本原则是以人为本，远近结合，协调发展；结构调整、布局优化、改造与新建相统筹；大型商业设施建设与中小商店生存发展相结合；坚持可持续发展；规划的调控功能与市场机制的基础作用相结合以及技术进步的原则。

5. 商业网点规划的方法论包括系统方法论和"调查—分析—规划"方法论。

6. 商业网点的发展呈现出商业网点服务个性化、商业网点营销社交化、商业网点更注重客户体验、绿色可持续发展以及线上线下融合等趋势。

复习思考题

1. 商业网点规划的对象是什么？
2. 商业网点规划的基本原则有哪些？
3. 商业网点规划的趋势有哪些？

第四章

城市商圈

■本章概要

　　本章介绍了城市商圈的概念，并依据区域、功能及模式对城市商圈进行分类，探讨了不同类型的城市商圈的特点，分析了城市商圈的基本功能；阐述了城市商圈的建设要点，并对城市商圈建设案例进行分析。

■本章重点

1. 城市商圈的概念、类型与基本功能
2. 城市商圈的构成要素及主要建设内容

第一节　城市商圈概述

　　城市商圈是城市经济发展的动脉，集聚了零售、餐饮、娱乐、办公等多种业态，其规划和运营水平反映了城市商业活力，展示了城市整体形象。

一、城市商圈的概念

　　城市商圈是由若干个商业综合体和商业设施构成，具有一定消费力、集聚力和辐射力的商业集聚区[①]，是高密度的商流、客流、物流、资金流与信息流的交汇

---

① 唐红涛，柳思维，朱艳春. 商业企业聚集、城市商圈演化、商圈体系分布：一个基础框架 ［J］. 商业经济与管理，2015（4）：5-15.

点①。若干相似及互补的商业企业分布在同一区域内，组成相互竞争、相互合作、相互促进的商业群落，共享商圈渠道价值，并形成对外整体优势，构成一个经济、社会、文化等多层面的区域复合体②。

在传统城市商圈中，商业活动主要依赖于实体店铺和线下交易。随着信息技术的迅猛发展，数字化浪潮席卷商圈，推动了电子商务的发展和移动支付的普及。技术革新使消费者可以突破地域限制，随时随地进行购物，极大地拓展了城市商圈的覆盖范围。同时，传统城市商圈也在逐渐向现代城市商圈转型。现代城市商圈是现代服务业集聚发展的产物，以商业集聚为核心，包含购物、金融、餐饮、休闲、娱乐、信息、旅游、文化等现代服务设施和功能，能够满足城市居民及游客的多样化、综合性需求，具有现代性、国际性和多元性特征③。随着数字经济时代的到来，城市商圈建设与时俱进，加快向智慧商圈转型，实现城市商圈的高质量发展和高效能治理。智慧商圈利用物联网、云计算及大数据等先进信息技术，通过科技创新、服务创新、品牌创新、管理创新、经营创新等，提升城市商圈服务体验④。

二、城市商圈的类型

城市商圈是城市中商业和服务设施聚集的区域。按区域划分，城市商圈可以分为市级商圈、区县级商圈、小型商业商圈；按功能划分，城市商圈可以分为都市型商圈、区域型商圈、社区型商圈和特色型商圈；按模式划分，城市商圈可以分为综合型商圈、时尚型商圈、主题商圈、旅游购物型商圈以及专业型商圈⑤⑥。

（一）按区域分类

基于区域视角可以将城市商圈划分为市级商圈、区县级商圈、小型商业商圈三类⑦，三类城市商圈在地理位置选择、服务人群，以及商圈经营模式方面各有不同，如表4-1、图4-1所示。

① 柳思维，唐红涛，王娟. 城市商圈的时空动态性述评与分析［J］. 财贸经济，2007（3）：112-116.

② 张竞，王志伟. 城市商圈发展的空间经济学分析［J］. 学术交流，2015（4）：139-144.

③ 柳思维. 城市商圈论［M］. 北京：中国人民大学出版社，2012.

④ 刘茂松. 时空维度下城市商圈演进的科学解构：评柳思维教授《城市商圈论》［J］. 经济地理，2013，33（10）：7.

⑤ 金毅. 中国重点城市商圈分析与商家选址参考［M］. 北京：化学工业出版社，2016.

⑥ 郝斌，董硕，胡引翠等. 多维特征融合的城市商圈划分方法［J］. 地理与地理信息科学，2017，33（5）：56-62.

⑦ 姜珂，于涛. 基于电影院数据分析的城市商圈等级划分方法研究：以南京市为例［J］. 世界地理研究，2017，26（4）：73-81.

表 4-1 根据区域划分的城市商圈

	市级商圈	区县级商圈	小型商业商圈
地理位置	通常位于城市的中心区域，交通便利，人流量大	通常位于城市的次中心区域或者是行政区的中心	通常位于居民区附近，或者是社区内部
服务人群	服务人群范围广，包括城市居民、游客、商务人士等	主要服务本区县的居民	主要服务商圈周边的社区居民
商圈经营模式	商圈经营模式复杂多样，除传统零售外，还包括娱乐、餐饮、旅游和文化等行业	商圈经营模式更偏向于生活服务与便利性零售，包括超市、菜市场、教育培训机构、美食街等	商圈经营以满足周边居民的基础性生活需求为主，常见有便利店、药店、理发店等

图 4-1 上海南京西路商圈

图片来源：区融媒体中心. 2024-04-19. 上海市静安区人民政府

1. 市级商圈

市级商圈是在城市发展过程中自然聚集形成的，一部分由原有商业集市演变而来，一部分由专业市场发展而来。市级商圈吸引投资能力强，是外来商业投资的首选地区。市级商圈通常是一个城市的主要商业集聚区，具有较大的规模和较高的活动热度，能满足大量消费者的多种需求，对本市及周边城市或地区具有较强的辐射能力。

市级商圈以大型购物中心、百货商场、国际品牌连锁店为主力业态，同时，集聚了高端餐饮、休闲娱乐、金融服务等商业机构，涵盖了零售、娱乐、餐饮、旅游、文化等多种功能，体现了商业活动的多元化和消费水平的高端化。市级商圈通常位于城市的中心区域，交通便利，客流量大，商圈服务人群范围广，涵盖了城市居民、游客、商务人士等。如北京 CBD 商圈、重庆解放碑商圈、上海南京西路商圈等。

2. 区县级商圈

区县级商圈是区县商业较为集中的区域，商品较为齐全，商业配套设施较为完备，吸引本地投资的能力较强，吸引外地投资的能力一般。区县级商圈是对区域商业的补充和拓展，对外辐射能力一般，主要满足本区域居民的日常消费需求。

区县级商圈以中型购物中心、超市、本地特色品牌店为主，以满足本区域内居民的日常生活需求为目标，更加偏向于生活服务与便利性零售。区县级商圈通常位于城市的次中心区域，服务对象主要为本区县居民。如，北京大兴区西红门商圈（见图4-2）、成都双流时代奥特莱斯商圈、昆山市玉山广场商圈等。

图 4-2　成都双流时代奥特莱斯商圈

图片来源：双儿. 2020-07-23. 文旅双流

3. 小型商业商圈

小型商业商圈是指某一较小区域范围内商业较为集中的地段，其形成多与城市居住区域的拓展有关，部分小型商业商圈由大型住宅配套商业发展而来。小型商业商圈吸引本地投资的能力尚可，但外地投资很少介入，是本地小型商业投资者的集中地段，辐射范围有限。

小型商业商圈以便利店、小型超市、餐馆、生活服务类店铺等为主，主要满足周边居民的基础性生活需求，通常位于居民区附近，或者是社区内部，例如，北京的玉桥商圈（见图4-3）、潞苑商圈等。此外，一些小型商业街或者集市，由于其特色或历史文化等原因在当地形成一定的影响力，吸引周边居民或者外来游客前来购物、休闲，从而形成小型商业商圈。

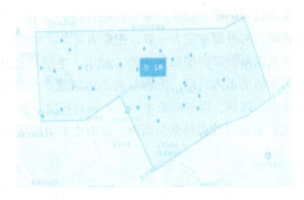

图 4-3　北京玉桥商圈

图片来源：镓明，西宇. 2021-01-28. 网易新闻

（二）按功能分类

按照商圈功能，可以将城市商圈分为都市型商圈、区域型商圈、社区型商圈和特色型商圈四种类型，其功能定位、规模体量、服务对象、辐射范围、客流各不相同，如表 4-2 所示。

表 4-2　根据功能划分的城市商圈

类型	都市型商圈	区域型商圈	社区型商圈	特色型商圈
区位	位于城市中心城区、主要交通枢纽、商务区或旅游区，历史悠久	位于交通枢纽、商务集聚区、居民集聚区	位于社区，居住相对集中	城市中心区
功能	业态、业种齐全，结构配置合理，市场细分度高，消费选择余地大	功能较为齐全，区域辐射能力较强	为周边社区居民的日常生活提供便利，满足其基本生活消费需求	具有浓厚文化氛围和城市风情特色，人气高，吸引市内外消费者、海外游客
规模	商业网点密集，市场最具活力、最为繁华，营业面积为 40 万平方米左右	网点比较密集、业态多样，结构合理，营业面积为 15 万平方米左右	营业面积为 3 万平方米左右	根据功能而定
需求类型	综合型	综合型	必备型	补充型
客流	客流大，有效服务人口一般在 30 万~50 万人	有效服务人口 20 万人左右	有效服务人口 5 万人左右	有效服务人口 20 万人左右
辐射	超广域型，区域外、市区外、国外	超广域型、区域外、市区内	属地型，服务所在社区，社区外购买不到 10%	超广域型，城市的橱窗和名片
基本设施和业态	大型百货店、都市型购物中心、专业店、专卖店、休闲娱乐等	购物中心、百货店、文化娱乐、餐饮等	超市、便利店、医药店、菜市场、餐饮等	餐饮、旅游纪念品、古玩一条街、文化娱乐等特色店铺

1. 都市型商圈

都市型商圈是指经营服务功能完善、服务辐射范围超广域型、商业高度集聚的商业中心或商业集聚功能区，是最高等级的城市商业"中心地"。

都市型商圈通常位于城市中心城区、主要交通枢纽、商务区或旅游区等繁华地段，集中大型购物中心、高档餐饮、娱乐场所以及其他高端商业设施。从功能上看，都市型商圈业态、业种齐全，包括大型百货店、都市型购物中心、专业店、专卖店、休闲娱乐等，结构配置合理，市场细分度高，消费选择余地大。从规模上看，都市型商圈的商业网点密集，市场最具活力、最为繁华，营业面积为40万平方米左右。从客流上看，都市型商圈客流量较大，有效服务人口一般在30万人以上，辐射能力强，为超广域型，辐射范围包括区域外、市区外以及国外。都市型商圈通常能够聚集更多的国际品牌，提供更多高端购物和服务，因此受到高收入人群和游客的青睐，是城市的地标性建筑和热门旅游景点。如，广州天河路商圈、北京王府井商圈、深圳东门商圈等（见图4-4）。

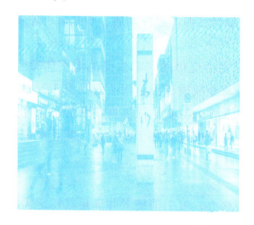

图4-4 深圳东门商圈

图片来源：张辉，叶梅. 2023-10-23. 深圳新闻网

2. 区域型商圈

区域型商圈是指经营服务功能比较完善、服务范围为超广域型、商业中度集聚的地区商业中心地和集聚区，一般位于交通枢纽，或者商务集聚区、居民集聚区等地带。

从功能上看，区域型商圈功能比较齐全，区域辐射优势比较明显，辐射范围包括区域外、市区内。从规模上看，区域型商圈网点比较密集，结构合理，业态多样，包括购物中心、百货店、文化娱乐、餐饮等，营业面积为15万平方米左右。从客流上看，区域型商圈有效服务人口20万人左右。区域型商圈通常拥有较大的客流量和较高的人气，为消费者提供了丰富多样的购物和服务选择，能更好地满足消费者需求。同时，区域型商圈可以为商户提供更多的商业机会。如，北京望京商圈、上海浦东新区世纪汇商圈、广州环市东商圈（见图4-5）等。

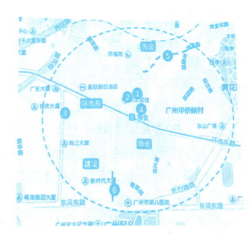

图 4-5　广州环市东商圈

图片来源：邓毅富. 2024-02-12. 金羊网

3. 社区型商圈

社区型商圈是指在一个社区内形成的商业集聚区域，以便利店、小吃店、理发店、药店等小型零售和服务业店铺为主。

社区型商圈的功能以为周边社区居民日常生活提供便利和快捷的消费体验为主，满足社区居民基本生活类的消费需求。社区型商圈规模较小，营业面积为 3 万平方米左右。从客流上看，社区型商圈有效服务人口 5 万人左右。社区型商圈的辐射范围主要是所在社区，社区外购买不到 10%。社区型商圈的优势在于便利性，但通常规模较小，商品品种品类有限。

4. 特色型商圈

特色型商圈是指以某种特定主体或特色为核心，吸引消费者并满足其特定需求的商圈，一般位于历史文化景观区、旅游景点等地。

特色型商圈通常围绕特定行业、产品或服务展开，如艺术品、美食、时尚购物等，拥有一定的知名度和独特的品牌形象，推动消费之余也能促进特色产业的发展。从功能上看，特色型商圈具有浓厚的文化氛围和城市风情特色，能够增强人气，并且可以吸引市内外消费者与海外游客。特色型商圈的优势在于定位明确、特色鲜明、吸引力强，能够形成较为专业的服务和商品集聚效应，打造独特的购物和消费体验。特色型商圈的局限在于受众群体相对狭窄，需要更加精准的定位和经营策略，以适应市场需求的变化。如沈阳西塔商圈（见图 4-6）、深圳华侨城商圈、成都城南商圈等。

图 4-6 沈阳西塔商圈

图片来源：郭建伟. 2022-09-02. 沈阳政协

（三）按模式分类

根据商圈经营模式的不同，我们可以将城市商圈分为综合型商圈、时尚型商圈、主题商圈、旅游购物型商圈、专业型商圈五类，如表4-3所示。

表4-3 根据模式划分的城市商圈

分类	地理位置	商圈经营模式
综合型商圈	城市中心或者城市副中心地段	集购物、主题餐饮、娱乐休闲及酒店式公寓于一体
时尚型商圈	城市中心、副中心附近、白领聚居区	集办公、酒店、购物、娱乐于一体
主题型商圈	城市文化中心或者历史中心地段	特定主题或独有特色
旅游购物型商圈	城市旅游景点附近的交通便利地段	满足和提供"吃、住、行、游、购、娱"的需要
专业型商圈	远离都市中心，但享有便利交通	完善城市功能，能使商家享受到集聚效益

1. 综合型商圈

综合型商圈是城市中心或者新兴的商业区域，集中了大量的商业、娱乐、餐饮、文化和教育等多种功能的综合商业区，具有高密度、集约性和整体统一性的特征，通常位于城市中心或者是城市副中心地段上。

综合型商圈集购物、主题餐饮、娱乐休闲及酒店式公寓于一体，业态结构丰富，消费者可以获得全方位的购物与休闲体验，满足多元化的消费需求。例如，成都春熙路商圈、广州天河路商圈、重庆解放碑商圈等。

2. 时尚型商圈

时尚型商圈通是指聚集大量时尚品牌、设计师店铺和高端奢侈品牌的商业区域，通常位于城市中心、副中心附近，以及白领聚居区，能够提供新潮消费信息，展示高品质的生活方式，感受时代脉搏，体现前卫风格。

时尚型商圈集办公、酒店、购物、娱乐于一体，以多类型精品专卖店为主。时尚型商圈能够吸引大量的时尚爱好者、购物达人和品牌追随者前来消费和体验。在时尚型商圈中，顾客可以购买最新潮的服装、配饰、化妆品，也可以体验美食、咖啡等消费场景。如，纽约第五大道、巴黎香榭丽舍、伦敦奥克斯街、米兰"时尚四边形"商圈等。

3. 主题型商圈

主题型商圈，也称为独特商业文化型商圈，通常是指按照某一主题设计和建造的商业区域，如文化主题、古代主题、科技主题等。主题型商圈通常在设计和装修上都具有独特的风格和特色，注重建筑风格、装饰色彩和音乐氛围等，一般位于城市文化中心或者历史中心地段。

现代城市是开放的城市，来自不同地域的人们有着不同的文化需求。因此，城市文化应融入商圈建设，培育特色商业文化。主题型商圈强调某个特定主题或某种独有特色，将其融入零售、餐饮、娱乐、博物馆、主题公园等，为顾客带来全方位的体验。如，日本吉原街区（江户风情）、硅谷科技主题商圈、佛罗里达州狮子国际区（非洲主题）等。

4. 旅游购物型商圈

旅游购物型商圈是指专门针对旅游者而设计的购物区域，通常位于热门旅游目的地附近的交通便利地段。旅游购物型商圈提供"吃、住、行、游、购、娱"一体化服务，以其独特的地理位置、多样的商品、便利的服务和丰富的娱乐设施吸引大量的游客和消费者。因此，无论是茶馆还是饭店，无论是商场主打产品还是纪念品都应该突出城市特点，充分挖掘具有城市特征、景点特征、人物特征的旅游产品。同时，旅游购物型商圈还可以引入当地民间艺人和手工艺人现场表演，以特色文化旅游资源优势吸引顾客。如，香港旺角、日本银座等。

5. 专业型商圈

专业型商圈是指集中了某一行业或专业领域相关商户的商业区域，通常以某个特定的行业或专业为主题，吸引相关领域的经营者和消费者聚集在一起。专业型商圈一般远离都市中心，但交通便利。

专业型商圈因为其独特的专业特色和聚合的行业资源，吸引着大量相关领域的经营者和消费者前来交流和消费，使商家享受到集聚效益。如，上海南京东路钟表专业市场。

三、城市商圈的基本功能

城市商圈不仅是居民购物、休闲、娱乐、消费的汇集场所，也是城市对外展示的形象窗口，更是一个城市经济发展的活力象征，对于城市发展具有重要意义，具有经济、文化、品牌形象展示、消费引导四大基本功能①。

---

① 浩飞龙，杨宇欣，李俊璐，等. 基于零售行业与消费者行为的城市商圈特征：以长春市重庆路、红旗街、桂林路为例 [J]. 经济地理，2019，39 (12)：138-146.

（一）经济功能

城市商圈作为城市的重要组成部分，对城市经济发展具有重要的推动作用，主要表现在以下三点：第一，城市商圈通过聚集大量的商业资源，形成规模效应，推动城市经济发展。商圈内聚集各类商店、餐饮店、娱乐设施等，为消费者提供一站式购物和休闲体验，极大地促进了商品流通，提升了交易活跃度，不仅降低了商家的运营成本，提高了经济效益，也为消费者带来了更多的选择和便利，促进了消费需求增长。第二，城市商圈作为城市经济的增长点，对于提升城市竞争力具有重要作用。商圈的发展水平往往代表了城市的商业繁荣程度，体现了城市的经济实力。成熟的商圈不仅能够吸引大量的消费者和投资者，还能够带动周边地区的经济发展，形成良性循环，与此同时，商圈的发展还能够推动交通运输、广告媒体、金融服务等相关产业发展，为城市经济提供更多的增长点。第三，城市商圈可以推动城市产业结构转型升级。随着经济的发展和消费者需求的变化，商圈内的商业业态也在不断优化和升级。以零售业、餐饮业为主导的传统商圈逐渐向多元化、个性化、体验式方向发展，同时，电子商务、共享经济等新兴业态不断在商圈内涌现，推动城市产业结构不断优化升级。

（二）文化功能

城市商圈是居民社会生活的重要场所，承载了丰富的文化内涵，主要表现为以下三个方面：第一，城市商圈是地方特色文化的体现。每个城市商圈都有其独特的历史背景和文化传统，无论是建筑风格、店铺设施，还是商品摆设、服务方式，甚至到市民消费习惯和行为规范，无不体现出该地区的特色文化。如北京的王府井商圈、上海的南京路商圈，各有其独特的城市印记和历史记忆，是城市文化的具象展现。第二，城市商圈是多元文化交融的平台。全球化背景下，城市商圈不仅集聚了本土品牌，还引进了众多国际品牌，为消费者提供了广泛的选择空间，使不同文化在商圈内相互交流、碰撞、融合，形成了独特的商圈文化。第三，城市商圈担负着文化传播和教育功能。城市商圈会定期举办音乐会、画展、手工市集等文化艺术活动，为市民提供了欣赏艺术、了解文化的机会。随着科学技术的发展，越来越多的商圈通过 AR、VR 等技术呈现历史文化，使得传统文化以更加现代、生动的方式展现给公众。因此，城市商圈不只是一个纯粹的购物、餐饮的场所，更是人们互相交往、认识世界、体验生活的文化交流空间。城市商圈已逐渐成为连接过去与未来，融合东西方文化的重要载体。

（三）品牌形象展示功能

城市商圈通过其独特的商业环境、文化氛围、创新活力、服务品质，塑造城市品牌形象，提升了城市的吸引力和影响力，具体体现在以下三个方面：第一，城市商圈是城市经济活力和市场繁荣的直观体现。城市商圈的规模、商家数量、经济交易量等客观数据都能够反映出一座城市的经济实力和发展潜力。成功的城市商圈能吸引更多的商户入驻和消费者参与，提高城市的知名度和影响力。例如，纽约时代广场、东京涩谷等商圈都在全球范围内享有知名度，成为城市的象征，塑造并提升了城市品牌形象。第二，城市商圈是城市特色的集中展现地。城市商圈的独特风貌、特色店铺、地标性建筑等都是该城市特色和魅力的体现。第三，城市商圈是连接市民生活与城市发展的纽带。商圈的设计风格、服务质量、舒适程度等影响着市民的生活质量和幸福感。一个能有效满足市民需求，提供优质服务，营造安全舒适环境的城市商圈，无疑能提升市民对城市的归属感和认同感，进而提升城市的品牌形象。

（四）消费引导功能

城市商圈以其独特的位置、资源优势和创新能力，引导消费行为，对繁荣城市经济、提升消费者生活品质具有重要推动作用，主要体现在以下三个方面：第一，城市商圈通过集结各类商品和服务，提供丰富多元的消费选择，满足了消费者的不同需求。在此过程中，城市商圈起到集中展示、对比选择的平台作用，使得消费者能够便捷地获取所需信息，从而有序、理性地进行消费决策。同时，城市商圈以其独特的商业环境和氛围，巧妙的进行消费心理引导。例如，商圈内的景观布局、色彩搭配、音乐氛围等可以影响消费者的购物情绪和购买意愿，优惠活动、节假日营销等方式，也可激发消费欲望，引导消费行为。第二，城市商圈具有创新消费模式和引领消费潮流的功能。新零售、共享经济等新兴消费模式，通常选择在城市商圈中首次推出，并迅速流行，不仅提高了消费便利度，也极大地丰富了消费体验，引导消费者形成新的消费习惯。第三，城市商圈有助于提升消费者的消费品位。一方面，各种高端品牌和精致商品汇聚在城市商圈，为消费者提供更为优质、高端的消费选择；另一方面，城市商圈通过举办各种展销活动，帮助消费者提升审美观念和生活品位，引导消费者向更高层次、更高质量的消费方向发展。

第二节　城市商圈的建设要点

城市商圈的建设要点可以指导城市商圈的规划、建设和管理，确保商圈建设满足城市经济、社会和环境可持续发展目标。根据城市商圈建设规范对商圈进行规划建设，合理布局商业设施，创建舒适购物环境，增强城市商圈的竞争力和活力；同时，优化城市交通，提高公共设施的服务质量和效率，提升居民的购物体验。

一、城市商圈的构成要素

城市商圈的构成要素包括但不限于商圈主体、客体和载体，各要素间相互依存、相互制约，形成一个共融体系[1][2]。

（一）城市商圈主体

城市商圈主体是指城市商圈中的经营主体和消费主体，是城市商圈中不可缺少的

① 齐晓斋. 城市商圈发展概论［M］. 上海：上海科学技术文献出版社，2007.
② 吴忠才，柳思维. 多源时空大数据视角的城市商圈空间结构及影响因素研究：基于核密度与空间面板模型的实证［J］. 经济问题，2018（9）：113-119.

要素。两主体为实现买卖关系，需要发生人流、物流、信息流的交换。

经营主体是指城市商圈中的商业运营者，或者是商圈内企业集合，主要包括零售商、批发商、餐饮服务商、娱乐服务提供商，以及其他各类服务提供商等。经营主体通过不断创新和优化经营策略，提高商品和服务质量，增强自身竞争力，推动商圈的繁荣和发展。商圈的经营主体在发展过程中，形成了多种类型的企业集群，如购物中心、百货商场、超市、专卖店等，通过企业集群间的相互协作和竞争，共同构建一个充满活力的商业生态系统。

消费主体是指城市商圈中的消费者，包括居民和游客。消费主体是城市商圈存在和发展的基础，其消费行为直接影响着城市商圈的繁荣程度。消费者的消费偏好、购买力和购买行为决定了城市商圈的商品结构和服务类型，同时，消费者的多样化需求和反馈也是推动城市商圈经营主体不断改进和创新的重要动力。

（二）城市商圈客体

城市商圈的客体主要是指城市商圈中的商品和服务，或者指商家所提供的产品以及在整个消费过程中消费者享受到的服务。商品的质量、特色以及服务的优劣，直接影响到顾客对城市商圈的评价和选择。

具体而言，商品是满足消费者实体性需求的实物产品。在城市商圈中，商品的种类繁多，按照类别可以分为服装、食品、日用品、电子设备、运动器材、家居用品等。不同城市商圈的主打商品不同，商品的选择对于城市商圈的定位以及吸引的顾客群体具有重要影响。相较于商品，服务更为抽象。服务是指通过劳动来满足消费者的非实体性需求，包括餐饮服务、娱乐服务、保洁服务、理发美容服务、家政服务、金融服务等。比如，城市商圈内的餐饮店提供就餐服务，电影院提供观影服务，健身中心提供运动服务，银行提供金融服务等。优质的服务能够提升消费者的整体购物体验，增加城市商圈的竞争力。

成功的城市商圈，商品与服务通常是相辅相成的，两者良好的组合和互动才能营造出满意的购物环境，吸引并留住消费者。例如，购买了服装的消费者可能会在商圈内餐厅享用餐饮服务，观看电影后可能会逛逛书店或者音像店。因此，商品与服务不能孤立看待，两者结合才能创造出更高的商业价值。

（三）城市商圈载体

城市商圈载体是指承载商业活动的物理空间和设施，是商圈得以存在的物质基础。城市商圈载体涉及物理环境、基础设施、交通条件、商业氛围和人文环境等多种要素，既包含物质硬件设施，也涉及商业环境、文化氛围等软性因素，各要素之间相互作用，共同塑造城市商圈的特性和功能，形成多元复合的城市商圈。

物理环境是城市商圈载体的基础组成部分。城市商圈的物理环境主要包括城市商圈所在的地理位置、区域面积、地形地貌等。一般而言，城市商圈的地理位置需要具有较高的商业价值，如城市的核心地带、人口密度较高的居民区，或者交通便利的节点地带，便于吸引更多的消费者。

基础设施是支撑城市商圈正常运作的必要条件。城市商圈的基础设施主要包括零售购物设施、商务办公设施、娱乐休闲设施等，这些设施提供商业活动所需的场所和服务，如商场为消费者提供购物场所，办公楼为企业提供工作环境，餐馆、电影院等为消费者提供食宿和娱乐服务。

交通条件是城市商圈高效运作的关键因素。良好的交通网络可以促进城市商圈与外界的有效连接，为消费者和商家提供便捷的出入通道，同时也可以有效地引导和分散城市商圈内的人流和车流，避免交通堵塞等问题。

商业氛围和人文环境是城市商圈的重要组成部分。从商业氛围来看，城市商圈需要营造一种繁华热闹、富有创新和竞争活力的市场环境。从人文环境来看，城市商圈应当注重保护和利用地区特色，如历史文化、地方传统等，提升城市商圈的吸引力，打造独特的品牌形象。

二、城市商圈建设的基本原则

城市商圈建设应充分考虑交通、人流、商业配套设施等多方面因素，遵循城市商圈建设基本原则，确保商业设施布局合理、功能互补，商圈建设符合城市商业发展需求。

（一）坚持"以人为本、便民利民"

城市商圈建设应以公众利益为先导，充分体现服务大众、方便生活的方针，以满足和扩大人民群众的消费需求为根本出发点，为消费者提供良好的商业服务环境和条件；在促进城市商业繁荣的同时，要更加注重满足居民日常需求的商业和生活服务设施建设，为居民创造一个方便舒适的购物环境；在商圈业态方面，要体现便利性、实用性；在商圈功能方面，要以居民不断发展变化的消费需求为导向，完善服务设施，提高服务功能。

具体而言，在规划阶段，相关部门应深入调研商圈所在区域的居民需求、消费习惯以及交通状况，确保商圈的布局和功能设置能够满足居民日常生活需求；通过科学的数据分析和合理的预测，确保商圈的规模、业态和设施配置与居民实际需求相匹配，使规划既符合经济发展规律又符合居民期望的城市商圈。在设计阶段，相关部门应注重人性化设计，提高商圈的舒适度和便捷性，包括合理安排商圈的步行系统、交通流线、停车场等，确保居民在商圈内能够便捷地到达各个区域。在施工阶段，相关部门应严格把控工程质量和安全，确保商圈的建设质量符合相关标准和要求，减少项目施工对周边居民生活的影响，合理安排施工时间和施工方式，减少噪音、粉尘等污染物的排放。在运营阶段，相关部门不断优化商圈的业态和服务，提高居民的消费体验，引入更多符合居民需求的品牌和服务，提供多样化的购物选择和消费体验。

（二）坚持"商住分区、人车分流、立体开发、集中打造"

商圈建设是城市建设的重要内容，对城市环境、交通、市容以及市民生活具有直接的影响，应做到"商住分开，人车分流、立体开发、集中打造"，为群众创造方便、优美的购物消费环境。

将商业区与居住区分开，有利于提高城市商圈的商业氛围和服务质量，减少商业活动对居民生活的影响。坚持人车分流规划交通动线，有利于减少交通拥堵，避免行人与车辆的冲突，提升城市商圈的交通效率和安全性。随着商业需求规模的扩展，土地资源日益紧缺，城市商圈开始向地下空间和高层空间拓展，形成多元化的立体空间形态。坚持商业设施立体开发、集中打造，可以充分利用土地资源，集中布局商业设施，有利于形成商业规模效应，提升商业管理效率，吸引更多顾客和商家入驻，提高城市商圈的经济效益和城市空间利用率。

（三）坚持"统筹兼顾、突出重点、适度超前"

城市商圈建设应与城市的经济发展水平、消费群体分布和购买力水平相结合，充分考虑本地区和周边地区经济发展状况、消费水平和市场环境特点，以及现有商业网点布局、交通设施条件等，既要从实际出发，又要着眼于长远，合理规划商业网点的布局、数量、规模和档次水平；统筹商圈发展与城市经济、人口规模、消费升级以及商圈周边环境的关系，综合考虑商圈的地理位置、交通条件、消费人群特征、商业设施现状等因素，确保商圈建设符合城市总体规划和区域功能定位，实现商圈与周边旅游景点、文化场所、商务楼宇等资源的有效互动，形成资源共享、优势互补的发展格局。

城市商圈建设应围绕城市商圈发展的重点领域以及影响商圈发展的关键性问题，找准制约因素、"瓶颈"因素、优势因素，理清发展思路和发展重点；在网点布局、业态设置、购物环境等方面适度超前，着眼未来，满足居民不断提高的消费需求；同时，为未来商业发展留有空间，避免过度开发和资源浪费，确保商圈建设的经济效益和社会效益相协调。

（四）坚持"政府引导、市场运作"

城市商圈建设应坚持市场调节和政府引导相结合，坚持实行投资多元化、运作市场化、政府引导扶持相结合，在建设规划、注册登记、土地使用、税费补偿、基础设施等方面给予优惠政策支持，引导和鼓励区内外投资者参与。

政府作为引导者，要发挥其宏观调控和政策支持的作用。在商圈建设的初期阶段，政府应深入调研，结合城市发展规划和区域特点，制订商圈建设的总体规划和布局，包括确定商圈的定位、规模、功能分区以及交通、环保等基础设施的配套；通过规划引领，确保商圈的布局与城市整体发展相协调，满足市民的消费需求和城市的经济发展需要。同时，政府还需出台一系列优惠政策，如土地供应、税收优惠、资金扶持等，吸引社会资本参与商圈建设，从而降低投资门槛，激发市场活力，推动商圈的快速发展。市场要充分发挥其在资源配置中的决定性作用。企业作为商圈建设的主体，应根据市场需求和竞争态势，自主决策、自主经营。在商圈规划的基础上，企业可根据自身优势和特色，选择合适的商业模式和业态组合，打造具有竞争力的商业品牌，加强内部管理，提高服务质量，满足消费者的多样化需求。

（五）坚持"远近结合、分期实施"

商圈建设应综合考虑近期和远期发展需要，将近期发展目标和远期发展目标紧密结合，分期实施，逐步实现商圈建设发展总体目标。

政府应基于前期调研，确定商圈近期发展目标，包括提升商圈的硬件设施，如改善交通状况、增设停车场、优化商业空间布局等；关注商圈的软件环境，如提升服务质量、丰富商业业态、加强宣传推广等；充分考虑商圈发展的远期目标，包括商圈的扩张计划、产业升级方向、品牌塑造等。远期目标应具有前瞻性和战略性，能够引领商圈未来发展方向。

三、城市商圈规划建设的主要内容

城市商圈规划建设的主要内容包括商圈选址、建设规模、风格设置、业态设置，以及相关设施建设五个方面①。

（一）城市商圈的选址

城市商圈选址不仅关系到商圈的生存与发展，更决定了商家的经济效益和市场影响力。通常情况下，城市商圈在城市区域中心地带和交通枢纽区域选址建设。

一是布局在城市区域中心地带，有利于吸引消费人群，扩大城市商圈辐射面。城市中心地带往往是商业、文化、娱乐等各种资源集中的地区，城市商圈建在该地带可以更好地形成商业集聚效应。商户之间相互竞争，相互激发，提高商业的繁荣度，提升城市商圈的吸引力。城市中心地带往往聚集了众多大品牌的旗舰店和总部，选择在中心地带布局可以更好地利用品牌效应，打造高端、繁华的城市商业形象。同时，城市中心地带的地段效应也有助于提升城市商圈的品牌价值。此外，一些城市政府为了促进城市发展会对城市中心地带的商业项目给予政策和项目支持，为商圈发展提供了有力保障②。

二是布局在城市交通枢纽区域，方便人流、物流和车流进出。作为城市交通的中心，城市通枢纽区域往往集聚了地铁、公交车、出租车、火车等多种交通方式，且周边道路网密集。城市商圈在该区域布局可以方便顾客使用不同的交通工具前往，提高了城市商圈的可达性，有利于吸引更多顾客和游客。交通枢纽区域通常是人流量较大的区域，吸引了大量的上班族、购物者和游客。城市商圈选址在交通枢纽区域布局，可以增加城市商圈的客流量和销售额，提升商业的繁荣度。城市商圈选址在交通枢纽区域，可以与周边的知名建筑、文化中心、旅游景点等形成更强的品牌效应，有助于城市商圈的宣传曝光，增加城市商圈的知名度。

（二）城市商圈建设的规模

在城市商圈建设过程中，政府需要对城市商圈的建设面积、商业设施规模，以及

① 重庆工商大学. 城市核心商圈建设规范 非书资料：DB 50/ T 713-2016［S］. 重庆：重庆市质量技术监督局，2016：12.

② 唐波，黄嘉颖，邱锦安. 城市商圈应急疏散空间布局与路径优化：以广州上下九商圈为例［J］. 地域研究与开发，2018，37（4）：92-97.

商圈经济规模进行系统考量，以确保商圈的健康发展与长期繁荣。城市商圈建设规模要求如表4-4所示。

表4-4　城市商圈建设规模要求

商圈类型	商圈建设面积	商业设施规模	商圈经济规模
市级商圈	核心区占地面积以1～2平方千米为宜。商业营业用房（不包括住宅、公寓和写字楼）的建筑面积不低于20万平方米，其占地面积应占该中心土地面积的50%以上	商业商务设施面积达到100万平方米以上	社会消费品零售总额或者市场交易额应达到100亿元以上，年均客流量500万人次以上
区县级商圈	核心区占地面积以0.5～1平方千米为宜，商业营业用房（不包括住宅、公寓和写字楼）的建筑面积不低于10万平方米，其占地面积应占该中心土地面积的50%以上	商业商务设施面积达到30万平方米以上	社会消费品零售总额达到30亿元以上。年均客流量300万人次以上

1. 城市商圈建设面积

城市商圈建设面积的规定通常由政府相关规划部门或城市规划管理部门根据城市发展规划、土地利用规划等相关法规和政策进行制定和管理。

一般情况下，市级城市商圈核心区总占地面积以1～2平方千米为宜，商业营业用房（不包括住宅、公寓和写字楼）的建筑面积不低于20万平方米，其占地面积应占该中心土地面积的50%以上。此外，市级城市商圈应当位于城市总体规划确定的中央活动区、城市副中心和城市重要门户枢纽地区，拥有高效便捷的对内对外公共交通支撑。

区县级城市商圈核心区总占地面积以0.5～1平方千米为宜，商业营业用房（不包括住宅、公寓和写字楼）的建筑面积不低于10万平方米，其占地面积应占该中心土地面积的50%以上。区县级商圈主要位于城市总体规划确定的地区级公共活动中心。

此外，城市商圈建设面积受到商业用地、市场需求、城市人口规模和经济发展水平等因素影响。具体规定需要根据当地的规划政策、市场需求和发展情况制定。

2. 商业设施规模

商业设施的建设规模应当根据商圈顾客的商业需求面积而定，保证商业设施的利润空间，避免商业设施集聚过度，造成商业资源的过剩和浪费。同时，城市商圈还需要预留一定的开发空间。任何商圈的建设发展，都不可避免地具有时代局限性，在商业设施建设过程中，城市商圈可以以广场、绿地等形式预留一部分土地，这不仅可以美化商圈环境，增强商圈的休闲娱乐功能，还可以为商圈的二次开发预留空间。具体而言，城市商圈建设的商业设施规模涉及建筑面积、销售额、员工数量、设施数量和种类等多个方面，需要综合考量各项指标进行评估。其中，商业设施的建筑面积是衡量规模的重要指标。商圈内的商业设施包括零售商店、餐饮场所、娱乐设施等，这些建筑物的总体建筑面积可以反映商圈内商业设施的总体规模。一般而言，市级商圈商业商务设施面积达到100万平方米以上，区县级商圈商业商务设施面积达到30万平方米以上。

3. 城市商圈经济规模

城市商圈经济规模是指城市商圈的经济总量，包括商业、零售、餐饮、娱乐等各种商业活动所创造的总产值。它是衡量城市商圈繁荣程度的重要指标，也是评价城市商业发展水平的重要依据之一。经济规模大的城市商圈往往能够吸引更多的商业投资和人才，商业竞争力更强。一般而言，市级商圈社会消费品零售总额或者市场交易额达到100亿元以上，年均客流量500万人次以上。区县级商圈社会消费品零售总额达到30亿元以上，年均客流量300万人次以上。

（三）城市商圈的风格设置

城市商圈的风格建设是一个综合性工程，包含商圈建筑风格，以及商业服务、公共空间、文化活动等空间风格的塑造。城市商圈风格建设需要从多角度考虑，通过合理的规划和设计，真正做到与城市商圈的定位相匹配，打造出具有城市特色和鲜明风格的城市商圈。具体而言，城市商圈的风格建设主要包括建筑设计、商业配套、环境布局以及文化注入设置四方面内容。

1. 建筑设计

建筑设计是城市商圈风格建设的重要组成部分，不仅直接影响城市商圈的外观形象，也会传达出城市商圈的独特价值和文化。城市商圈通过建筑的形态、色彩、材质等设计手段，可以营造出风格独特的市貌和街景。建筑设计应尽量体现城市商圈的主题及其唯一性，如古典风格、现代风格或者融合地方特色的民族风格等。具体而言，首先，城市商圈建设风格需要具备整体协调性。商圈是在一定的城市地理区域上发展起来的，因此商圈的商业设施建筑风格要与该地理区域的历史人文景观、地形地貌相协调，突显商圈的个性化。其次，新旧商业设施建设风格要保持整体与和谐性。对于商圈内留存下来的传统商业建筑，政府应坚持保护与开发相结合原则，保留其历史建筑风貌，在继承中发展；对于新建的商业建筑，政府应选用节能环保的新技术、新材料，并注意与周边环境相协调①。

2. 商业配套

适当的商业配置也是塑造城市商圈风格的关键。各种商业元素，如餐饮、购物、娱乐、服务等，都应根据城市商圈的定位进行搭配。例如，高端城市商圈应集中更多豪华品牌，而年轻化的城市商圈应更加偏向于时尚、潮流的元素。商业配套的空间布局应合理且富有层次，通过合理的动线设计，将不同业态和品牌的店铺有序串联起来，形成流畅且富有变化的购物路径，并且在空间布局上要注重空间的通透性和开放性，减少压抑感，提升消费者的购物体验。

3. 环境布局

城市商圈的环境布局包括道路、绿化等，都需要精心设计，以营造舒适宜人的购物环境。城市商圈定位和消费群体不同，环境布局的侧重点也应有所不同。如，亲子

---

① NG M, PARK J, WALLER T S. A Hybrid Bilevel Model for the Optimal Shelter Assignment in Emergency Evacuations [J]. Computer-Aided Civil and Infrastructure Engineering, 2010, 25 (8): 547-556.

型商圈应该设置更多的儿童游乐设施，而艺术风格的商圈则应该布置更多的公共艺术作品。此外，在绿化设计上，政府应充分考虑商圈的地理位置、气候条件和顾客需求，选择适宜的植物种类和配置方式。在南方城市，其可种植热带植物，如棕榈树、榕树等，营造热带风情；在北方城市，则可种植耐寒的松树、柏树等，展现北国风光。在景观设计方面，政府应注重与商圈整体风格相协调，可以设置主题雕塑、水景、花坛等景观设施，增强商圈的艺术氛围和观赏性；同时，还应当考虑顾客的互动性和参与性，设置喷泉、互动灯光等，让顾客在欣赏美景的同时，也能融入其中，增强体验感。

4. 文化注入

城市商圈的风格建设离不开文化元素的注入，其既能丰富城市商圈的活动内容，又能增加城市商圈的文化内涵，提升文化品牌形象。具体而言，城市商圈应注重地域文化的挖掘和传承，将传统文化与现代商业相结合，打造出具有独特魅力的商圈；通过举办文化节庆活动、展览等方式，展示地方文化的独特魅力，吸引消费者的关注和参与。在商业设施的设计中，城市商圈应融入地域文化元素，如传统工艺品的展示和销售、民俗表演等，让消费者在购物的同时，也能感受到地方文化的魅力①；还可以通过引进新的艺术形式、科技元素吸引消费者。

（四）城市商圈的业态设置

1. 市级商圈

市级商圈的业态设置通常根据城市的规模、人口结构、消费水平、产业发展等因素进行调整和规划。市级商圈以大型购物中心、大型百货店、大型超市、大型专业店、国内外知名品牌专卖店为主力业态。一般而言，市级商圈拥有大型零售商业网点≥5家，步行商业街区≥2条；商圈内餐饮、酒店、文化休闲娱乐等服务业态齐全，四星级及以上酒店≥3家、影院≥2个，并配置规模适度的文化娱乐、休闲及大型餐饮服务设施。商家应该设置线上线下相结合的品牌体验店以及各类体验式和电子商务业态，不应设置传统大型专业市场和低档次的服务业态。零售业态以百货店、购物中心、超市、便利店为主，住宿、餐饮、文化、体育、娱乐、金融、商务等服务业较为齐全，配置规模适度的文化娱乐、休闲及大型餐饮服务设施。在营业收入中，零售业占比40%及以上，夜间经济活动营业收入占营业总收入的比例不小于15%。

2. 区县级商圈

区县级商圈的业态设置相对简单，主要以满足当地居民的日常需求和提高生活质量为主要目标，一般以中型购物中心、主力百货店、大中型超市、品牌专卖店为主力业态。一般而言，区县级商圈拥有大型零售商业网点≥2家、步行商业街区≥1条、大型餐饮接待网点≥3家、四星级及以上酒店≥1家、影院≥1个，商圈内的购物、餐饮、酒店、文化休闲娱乐等服务业态齐全。区县级商圈应该设置和引进时尚和品牌体验店，不应设置污染环境和扰民的传统修理、再生资源回收以及低端服务业态。

---

① 贾海燕. 湖北传统城市商圈的发展特色及其现代价值思索［J］. 江汉论坛，2010（12）：136-139.

（五）城市商圈的相关设施建设

1. 商业设施

城市商圈应建有商业购物中心、商业综合体或专门的商业设施，且布局合理，有序分布。商业设施建筑风格、材料、色彩的选择应体现区域城市特色，与周边环境相互协调。在城市商圈建设中，商业设施的合理规划和布局对于城市商圈的吸引力和活力至关重要。

现代风格商业建筑首层部分可设计通透的橱窗；历史建筑的改造应符合相关规定，坚持在继承中发展。城市商圈的户外广告应按照商业规划设置，符合国家和地区的有关标准要求。商业建筑单体设计时应考虑建筑墙体广告的设置位置与大小比例关系，特色建筑的建筑墙体广告应避免立面要素（如建筑门窗、檐口、线脚、柱廊等）的遮挡，宜透空设置。建筑墙体广告不得影响火灾扑救或危及建筑自身安全。城市商圈建筑体的户外招牌设置应按照有关规定和相关技术标准执行，灯饰、广告、招牌应同步整体设计、审批，提高品位和档次。同时，在商业设施的建设过程中，城市商圈运营者还需要考虑如何利用现代科技手段提升服务水平，例如物联网技术的应用、智能柜台、无人商店等，提升消费体验和效率。

2. 公共设施

公共设施为居民、游客和商业活动提供基本的公共服务。合理规划和建设公共设施，能够提升城市商圈的整体形象和品质，为居民和游客创造更加宜居、宜业、宜游的环境。城市商圈应按照国家标准设置停车场、公共厕所、生活垃圾收集转运设施和行人步行设施，以及残障人士无障碍设施，并提供一定数量的座椅供行人驻留、休息；还可以设置广场、雕塑等，形成富有特色的公共空间。城市商圈应提供足够的公共服务空间，设置一定数量的花坛、树木，绿化覆盖率不宜小于30%。同时，城市商圈灯饰也应进行专门规划设计，烘托商业氛围；还可以通过现代科技手段，如智能交通管理系统、智能停车管理系统等，提高公共设施的管理效率和服务水平①。

第三节　城市商圈建设案例

一、上海徐家汇商圈

（一）商圈的选址

徐家汇商圈（见图4-7）坐落于上海市中心的徐家汇，地理位置优势明显，周边高校、住宅区、办公楼群和交通网络密集分布，使徐家汇商圈成为一个充满活力和魅力的商业中心。

---

① BASHAWRI A, GARRITY S, MOODLEY K. An Overview of the Design of Disaster Relief Shelters [J]. Procedia Economics and Finance, 2014, 18 (C): 924-931.

在交通方面，徐家汇商圈位于多条地铁线路的交会处，包括1号线、9号线和11号线，形成了快捷便利的立体交通网络。因此，无论是从上海市区的其他地方，还是从郊区或者周边城市，都可以通过公共交通轻松抵达徐家汇，极大地提高了商圈人流量，并且进一步吸引了更多商家入驻。在居民和教育资源方面，徐家汇商圈毗邻众多住宅社区和知名学府，如上海交通大学等，意味着商圈拥有稳定的居民和学生客源，尤其是年轻消费群体的消费观念新颖，消费能力强，且善于接受新事物，对徐家汇商圈的发展起到了积极的推动作用。此外，徐家汇作为上海市的科技创新中心，吸引了诸如华为、阿里巴巴等国内外知名企业入驻，聚集大量优质工作人群，促使购物、餐饮和休闲娱乐需求增加，为商圈的繁荣提供了源源不断的动力。

图4-7　上海徐家汇商圈

图片来源：陈海笑. 2021-10-29. 界面新闻

（二）商圈的建设规模

徐家汇商圈规划总占地面积为120万~125万平方米，核心区域24万平方米，北至广元路，南达中山路，东自肇嘉浜路、东安路，西至宜山路，如图4-8所示①。

2021年12月31日，徐家汇商圈内港汇恒隆广场、美罗城、汇金百货、太平洋百货、东方商厦、汇联商厦、上海六百7家主要商场百货的单月销售总额达4 337.34万元，同比增长11.44%，客流累计达23.16万人。依托创新的业态理念、持续迭代升级的重大载体建设、商圈节日性文化IP的积极尝试，徐家汇商圈打造了具备核心商圈价值的徐家汇"中央活动区"，激发整个城市的商业活力②③。

①　张新明. 徐家汇商圈再塑"城市之心"[J]. 上海经济，2014（10）：64-66.
②　王传宏. 城市更新如何打造进阶地标级商圈：以上海徐家汇商圈为例[J]. 中国房地产，2022（11）：43-46.
③　张新明. 徐家汇商圈再塑"城市之心"[J]. 上海经济，2014（10）：64-66.

据统计，2023年"中秋""国庆"节假日，徐家汇商圈内东方商厦、太平洋百货、美罗城、汇金百货、港汇恒隆、上海六百、汇金虹桥、汇金奥莱8家百货及购物中心累计实现销售额同比2022年同期增长0.32%，同比2019年同期增长23.77%。徐家汇商圈"首届徐家汇潮玩艺术节"，超过30场主题活动轮番上演，联动小红书、得物等潮流电商，推出系列多业态"潮流市集"，吸引精品美食、潮流购物、原创手作等多业态的精选品牌近百个前来练摊。其中，美罗城开展"五番YES"等主题活动，节假日累计销售额较2022年同期增长13.44%，同比2019年同期增长18.29%。客流方面，徐家汇商圈8家百货及购物中心在"双节"内共计迎来超过160万人次客流，同比2022年同期增长近21.28%。

图4-8 上海徐家汇商圈示意图

图片来源：陈海笑. 2021-10-29. 界面新闻

（三）商圈的风格设置

徐家汇商圈保留原有历史文化建筑，不仅具有历史价值，更是见证了上海城市的发展历程。比如仍然留存具有深厚历史底蕴的圣依纳爵教堂，象征着天主教在上海的历史；徐家汇的老洋房，以其独特的建筑风格和深厚的历史背景，吸引着无数游客和市民前来探寻。其中，衡山路811号的小红楼，建于1921年，是上海市第四批优秀历史建筑，红瓦坡顶和红砖墙面使其在沪上独树一帜。商圈融合了东西方文化元素，展现出"国际化与本土化并存"的风貌。这不仅体现在大楼建筑的设计和规划上，如摩登的购物广场、历史悠久的教堂等，还体现在其各类营业场所的经营理念和服务方式上，如全球连锁品牌与本地特色小吃共存，独特的"装修风格"吸引了各类人群的到来[①]。再者，徐家汇商圈以其开放与包容的空间布局表达出"人性化的、生活化的"设计理念。商圈内部既有大型商业综合体，也有亲近自然的公园绿地，使得消费者在购物的同时，也可以享受到城市生活的多元化，使得每一个来到这里的居民和游客都能够找到自己的休闲角落。此外，徐家汇商圈积极响应可持续发展理念，注重环保，推广绿色建筑等，商圈内环境优美，绿化率高，进一步增强了商圈的吸引力。

（四）商圈的业态设置

徐家汇商圈核心区域商业面积约 65 万平方米，商圈内以娱乐、购物、旅游、餐饮、信息、金融等为主要业态，总建筑面积达 200 万平方米，其中，购物中心占比约50%，百货占比约 30%，商业街占比约 10%，商务配套占比约 10%。商圈内商业形态以大型购物中心为主，包括港汇恒隆广场、太平洋百货、徐家汇购物中心等多个大型购物中心[②]。

近年来，"95 后""00 后"逐渐成为消费主力，个性化的新消费正在释放强劲潜力，掀起新一轮消费变革。徐家汇商圈历经几轮转型调整，除了坚持商圈内商业项目精准定位、持续深化商业项目特色外，徐家汇商圈着力发展首发、首店经济，融入新鲜、个性、多元化商业业态，引入文化、休闲、娱乐等互动体验型商户，不断推进商圈整体消费实力提升。在品牌配置层面，徐家汇商圈以国际一二线品牌为标杆，引领国际三线、国内一二线时尚品牌，品牌跨度从国际一线到国内二线，商品线位居上海中心城区第一，国际一线品牌主要分布在港汇、东方商厦和太平洋百货。同时，老牌百货纷纷发力，汇金百货引入餐饮品牌 Goodly 骨大力、灼自助烧肉 & 酒吧上海首店、宠物品牌咪粑上海首店；汇联商厦着力网红老字号食品，引入姐妹熟食、王兴记、津津长发月饼等上海首店[③]。

（五）商圈的相关设施建设

徐家汇商圈内拥有丰富的特色商业街区，包括天钥桥路休闲餐饮街、宜山路建材街、衡山坊、衡山路东段特色餐饮街区、新乐路时尚街区、武康路安福路慢生活街区、田林路社区商业特色街等。商圈内商业设施相对完善，包括大型综合购物中心、影剧院、高端餐厅及各式主题零售店等，还有环球港等标志性建筑，吸引了大量消费者。商圈内既有国际知名品牌，也涵盖了本土特色品牌，为消费者提供了多元化的消费选择，满足了不同消费层次的需求。

此外，公共设施建设也为商圈发展提供了重要支持，拥有完善的公用设施，如停车场、公共厕所、街头艺术装置等。积极推进智慧公共停车场建设，比如，徐家汇港汇广场，结合场库改建建设智慧停车库，提供"信息查询、泊位预订、路径规划、场

① 何建武. 电商冲击下大型购物中心聚客力分析：基于上海徐家汇商圈的调查 [J]. 商业经济研究, 2018（14）：33-35.

② 尤奇. 徐家汇商圈成功开发的经验及发展 [J]. 上海商业, 1998（12）：41-43.

③ 王传宏. 城市更新如何打造进阶地标级商圈：以上海徐家汇商圈为例 [J]. 中国房地产, 2022（11）：43-46.

内导航、反向寻车、无感支付"等便捷停车服务,预计"十四五"期间建成100个以上示范性智慧公共停车场。同时,徐汇区在襄阳北路的智慧道路停车场进行了无人值守道路停车场试点,目前已上线3条G2等级标准的智慧化无人值守路段,覆盖近730个泊位。此外,新建适老适幼化、低碳环保型公厕,如肇嘉浜路天平路公厕,采用极简现代的外观设计,外墙上大面积采用U形玻璃,具有良好的透光性、隔热性和保温性。商圈融入了大量的公共文化和休闲设施,例如历史悠久的徐家汇天主堂(见图4-9)、享誉全国的上海图书馆分馆、市民广场等,将购物、餐饮、娱乐、文化、休闲等多种生活场景有机融合,提升了人们的消费体验。

图4-9　徐家汇天主堂

图片来源:土家湾博物馆. 2023-04-12. 徐汇文旅

　　总体而言,徐家汇商圈的成功,除了其丰富的商业设施和优越的地理位置,还在于其深谙城市化进程中如何打造功能性和人性化并重的商业生态环境。商圈人性化极强的空间设计,赋予了徐家汇商圈独特的竞争力和商业活力,使其在激烈的市场竞争中脱颖而出。

二、杭州武林商圈

(一) 商圈的选址

　　杭州武林商圈(见图4-10)位于杭州市的核心商业区域,商圈地理位置优越,交通便利,是杭州市乃至浙江省内重要的交通节点,为商圈的繁荣发展提供了坚实的支撑。具体而言，武林商圈拥有完善的道路网络，地处体育场路、延安路等多条主干道交汇处，这些主干道连接着城市的各个区域，构成杭州市的主要交通网络，使商圈与外部区域之间的连接更加紧密。武林商圈的公共交通设施完善，地铁、公交、出租车等多种交通方式汇聚于此。地铁是杭州市最主要的公共交通工具之一，武林商圈内拥有武林广场站、凤起路站等多个地铁站点，不仅连接着商圈内的各大商场和购物中心，还与杭州市的西湖景区、钱江新城等重要区域相连。此外，商圈内多条公交线路经过，覆盖了杭州市的各个角落，为消费者提供了多样化的出行选择。消费者可以通过地铁、公交等方式到达，扩大了武林商圈的辐射范围。

图 4-10　杭州武林商圈

图片来源：全琳珉，金汉青. 2023-12-19. 浙江省杭州市发展会展业服务平台

（二）商圈的建设规模

武林商圈北向跨运河至文晖路，与朝晖大型居住区相邻，南至庆春路，东到中山北路、西与武林路时尚女装街相接。商圈内从北至南包括密渡桥路、环城北路、体育场路、百井坊巷、凤起路、孩儿巷以及延安路交庆春路北段。核心区域覆盖面积约 2.5 平方千米，东至中河北路、南临庆春路、西到武林路、北接文晖路。

武林商圈区位优势明显，加上周围的西湖及西湖文化广场等人文地标的吸引，商圈内客流量可观。2023 年上半年，武林商圈销售额突破 123.8 亿元，客流达 8 373.9 万人次，分别较 2022 年同期增长 16.1% 和 37.3%。武林商圈内商业项目间定位差异明显，目标客群覆盖范围广。同时，城市的地标性也吸引了许多旅游客群和周边城市客群。以杭州大厦为例，其客群主要以杭州及浙江省内高端消费群体为主，年龄在 30~45 岁，银泰百货则主要面向年轻客群，以都市白领为主[①]。杭州武林商圈见图 4-11。

---

① 高敏. 杭州拱墅法院：在烟火气中看见最美"枫"景 [N]. 浙江法治报，2023-11-07 (001).

图 4-11　杭州武林商圈

（三）商圈的风格设置

武林商圈作为杭州历史最悠久的商业区，其风格设置不仅体现了深厚的历史底蕴，更展现了现代都市的繁华与活力。商圈的每一个角落，都仿佛是一幅精心绘制的画卷，将古典与现代、传统与创新完美融合。建筑风格方面，古朴的砖瓦与现代的玻璃幕墙交相辉映，既有历史的厚重感，又不失现代的时尚气息。街道两旁的商铺，无论是传统的老字号，还是新兴的时尚品牌，都巧妙地融入商圈整体风格中，形成了和谐统一的视觉效果。装饰细节方面，从地面铺设的复古地砖，到墙面上的艺术涂鸦，再到空中悬挂的创意灯饰，每一处都充满了独特设计感，不仅美化了商圈的环境，更提升了消费者的购物体验，使人们在购物的同时也能感受到艺术的熏陶。品牌布局层面，高端购物中心、百货商场、专业市场、专卖店等一应俱全，满足了不同消费者的需求。同时，商圈还注重引入新兴品牌和创新业态，为消费者带来更加丰富的购物选择，不仅提升了商圈的档次和品质，也增强了商圈的吸引力和竞争力。

（四）商圈的业态设置

武林商圈过去以传统百货及专业商业街为主，零售业态占有绝对优势。近年来，大量百货店重新改造，购物中心项目陆续规划，商圈内的餐饮、娱乐、休闲等业态逐渐丰富。武林商圈大型商业以专业商厦和购物中心为主，两者占比约为 20.3% 和 40.1%，特色商业街占比约为 20.0%，相比而言，市场类和办公配套类项目比例相对较低。据统计，2023 年，入驻武林商圈的品牌中，85% 为城市、商圈首店或特色店，其中，区域首店 55 家，全国首店 11 家、华东首店 2 家、浙江首店 34 家、杭州首店 8 家[1]。大批"首店"的入驻，延续着武林商圈面向高端消费人群的传统定位。武林商圈内云集杭州大厦、国大城市广场、武林银泰等老牌商厦，被誉为"杭州店王"的杭州大厦更是杭州重奢品牌最全的商场，2023 年销售额超过 140 亿元。然而，重奢含量高

---

① 张佳瑶. 杭州中心：武林商圈的"热辣滚烫"[J]. 杭州，2024（4）：24-29.

也相对降低了对年轻群体的吸引力，为此，武林商圈在项目创立之初就放弃全场重奢路线，在保持高端路径的同时，致力于打造一个吸引年轻消费群体的购物艺术中心。

（五）商圈的相关设施建设

武林商圈在相关设施建设上不断推陈出新，以提供更为便捷、舒适、人性化的服务体验。

一是停车场建设。武林商圈注重提高停车位的数量和质量，以满足日益增长的停车需求。2023 年，环北地下停车库重新开放，为市民和游客提供了更多的停车选择，该停车库建筑面积达 6 665 平方米，拥有平面停车泊位 192 个（包含 5 个无障碍停车位），不仅拥有宽敞的停车空间，还配备了智能化的停车管理系统，使得车辆停放更加便捷、有序。此外，商圈内还设有多个地面停车场，不断优化停车场的布局和交通流线，以减少交通拥堵和停车难的问题。

二是公共厕所建设。2023 年，武林商圈内共有 29 个公共厕所，平均每 500 米一个，极大地提高了公共厕所的可达性和便利性。同时，每个厕所都配备了无障碍设施，方便残疾人士使用。在公共厕所的设计上，武林商圈注重与周边环境的融合。例如，万向公园公厕通过简洁的造型处理，营造出如磐石如雕塑的视觉效果，而且其形象景观化、雕塑化的处理让建筑本身成为了一道风景，更好地融入周边自然环境中。此外，公厕内部配备了新风系统以及温度、湿度、空气、异味监测传感器，实时监测厕所环境氛围，确保游客和市民在使用过程中的舒适体验。

三是休息设施建设。武林商圈内设有多个休息区域，包括座椅、石凳等不同类型的休息设施，以满足不同游客的需求。休息设施不仅设计美观、舒适度高，而且数量充足、分布合理，让游客在购物、休闲之余能够找到一个舒适的休息场所。商圈内设有多个母婴室，为携带婴幼儿的游客提供贴心服务。

四是绿化环境建设。武林商圈致力于打造绿色、生态的购物环境。经过绿化和亮灯改造后的武林广场，四周种植了多种花卉和树木，使得广场的绿化层次分明、色彩丰富。同时，商圈内的各个商场和店铺也注重绿化环境的营造，通过摆放绿植、设置花坛等方式，使整个商圈充满了生机和活力。同时，商圈内引入智能灌溉系统，通过实时监测土壤湿度和天气情况，自动调节灌溉量，确保植物的健康生长。

▰ 本章小结

1. 城市商圈是商业集聚的中心地，是具有一定辐射范围的众多商业网点的集中地，是高密度的商流、客流、物流、资金流与信息流的交汇点。

2. 城市商圈按区域划分，可以分为市级商圈、区县级商圈、小型商业商圈；按功能划分，可以分为都市型商圈、区域型商圈、社区型商圈和特色型商圈；按模式划分，可以分为综合型商圈、时尚型商圈、主题商圈、旅游购物型商圈和专业型商圈。

3. 城市商圈的建设内容主要包括城市商圈的选址、建设规模、风格设置、业态设置以及相关设施建设等方面。

复习思考题

1. 简述城市商圈的概念和类型。
2. 简述城市商圈的构成要素。
3. 简述城市商圈的建设要点。
4. 试分析城市商圈发展的影响因素以及未来发展趋势。

拓展 1：
《上海市商圈能级提升三年行动方案（2024—2026 年）》

扫一扫

拓展 2：

北京市传统商业设施更新导则

扫一扫

第五章

商业街

■ 本章概要

　　本章介绍了商业街的概念、特点及分类，介绍了商业街规划的原则、主要内容，以及商业街的发展趋势，并对商业街建设案例进行分析。

■ 本章重点

1. 商业街的定义
2. 商业街类型
3. 商业街规划要点

第一节　商业街的概述

一、商业街内涵

（一）商业街的概念

　　商业街是由若干大型店铺与众多中小零售商店按一定结构比例，以带状或环形组团建筑形态组成，统一管理并具有一定规模的商业集聚地。如，纽约的百老汇大道、巴黎的香榭丽舍大街、成都的宽窄巷子等。

（二）商业街的特点

1. 功能齐全

商业街的功能主要包括交易功能、展示功能、环境功能等。具体来看，商业街具有购物、餐饮、休闲、娱乐、文化、旅游、会展等功能。

2. 商品多样

商业街商品涵盖范围广，从服饰、鞋帽、箱包，到电子产品、家居用品、美妆护肤，再到各类特色手工艺品、地方特产等，涵盖了各种品类商品。商业街汇聚了众多品牌商品，既有国内外高端商品，也有亲民实惠的本土品牌，商品品牌多元化。

3. 分工细化

商业街主要由专卖店、专业店组成。随着消费逐渐从社会消费、家庭消费向个性化消费转变，消费者对商业街的特色化和专业化要求不断提高，要求店铺经营更加专业化、商品品类更加细分化。

4. 环境优美

商业街的建筑风格既可以是传统的古色古香，也可以是现代的简约时尚，还可以是多元文化的融合。商业街的购物环境要做到优雅、整洁、舒适、协调、有序，为消费者营造良好的购物、休闲、交流环境氛围。

5. 服务周到

政府要突出商业街服务的整体性、系统性和公用性，提高商业街整体素质、维护整体形象、塑造整体品牌[1]。此外，商业街中的每一家企业也要塑造、培育和维护自己的服务品牌，打造特色服务品牌。

二、商业街的类型

对商业街进行分类，可以更好地明确不同类型商业街的功能定位，以便更好地引导商业街发展。常用的商业街分类方式主要有以下三种[2]：

（一）按商业街的功能分类

根据商业街的主要功能，我们可以将商业街分为综合商业街、专业商业街和特色商业街三种类型。

1. 综合商业街

综合商业街是多功能、多业态的商业区域。商业属性突出，品牌种类丰富，包括购物餐饮、休闲娱乐、文化体验等多种功能，是能够满足消费者多样性消费需求的综合性街区。

综合商业街要求空间布局合理，注重人流导向和商业动线设计，以提高顾客的购物体验和效率。环境氛围的营造也是综合商业街的一大特色。综合商业街通过建筑风格、景观设计、照明效果等手段，创造独特的商业氛围和环境，吸引顾客驻足。在业态方面，综合商业街集聚众多知名品牌和特色小店，形成了品牌效应，为消费者提供了丰富的商品和服务选择。随着数字技术的发展，为了更好满足消费者需求，综合商

① 李捷芳. 现代商业街规划设计研究 [J]. 广东科技，2008（3）：30-32.
② 张伟，赵向标，汪守军. 商业街运营与管理的策划运作 [M] 北京：中国建筑工业出版社，2018.

业街还提供了智能导览、移动支付、在线预订等智能化服务，提升了服务的便捷性和效率。此外，综合商业街还可以定期举办各种促销活动、文化节、市集等，增加街区的活力和吸引力，吸引更多的顾客。综合商业街的成功案例很多，如北京的王府井商业街、西单商业街、前门大栅栏商业街，上海南京路商业街等。

2. 专业商业街

专业商业街是针对特定行业或消费群体而设立的商业区域，集中了某一领域或类型的商家和服务，形成了专业化、特色化的商业环境。专业商业街通常以某一特定主题或行业为核心，如时尚服饰、电子产品、古董收藏、美食餐饮等，吸引对这一领域有特定需求和兴趣的消费者。

专业商业街集聚了专业的商品和服务，商业街名称能够体现商业街经营的商品类型。由于专业商业街商品具有统一性特点，因此商业街的市场成本相对较低，只要商业街的开发商对整个商业街进行适当包装，所有商铺均可以享受开发商统一市场宣传带来的营销效果。此外，由于经营商品的品种简单化，专业商业街规划设计的复杂程度相对较低。成功运营专业商业街需要运营人员对特定行业的深刻理解，以及对目标消费群体需求的准确把握。专业商业街只有提供专业化的服务和独特的商业氛围，才能够为消费者打造一个专注于特定领域的购物和体验场所。

3. 特色商业街

特色商业街即是在商品结构、经营方式、管理模式等方面具有一定专业特色的商业街，指传统文化、地域特色鲜明，经营业态专业化、集聚度较高，商旅文融合程度高，以满足休闲体验类消费需求为主的街区。特色商业街通常融合了地方的传统工艺、美食、艺术、民俗等元素，为游客和当地居民提供了一个深入了解和体验当地文化的平台。

特色商业街的环境设计和建筑风格一般与当地的历史文化相呼应，如古色古香的街道、具有地方特色的建筑装饰等，营造出浓厚的文化氛围。特色商业街依托其独特的文化、历史或地理特征，集中展现地方特色和风情、突出专业商品特点、彰显民族和民俗特色，满足了消费者个性化、多样化与差异化的消费需求。消费者可以在其中找到当地工匠或艺术家亲手制作的各种具有地方特色的商品，如手工艺品、传统服饰、地方特产等。此外，政府可以根据当地特色文化，在特色商业街举办各种节庆活动、民俗表演、手工艺展示等，丰富街区的文化内涵和吸引力，为游客提供了解当地文化的窗口。成功运营特色商业街需要运营人员充分挖掘和利用当地的特色资源，同时注重保护和传承地方文化。通过精心的规划和设计，政府可以将特色商业街打造成为展示地方文化魅力、促进文化旅游发展的重要载体。

（二）按主题特色分类

根据商业街的主题特色，人们可以将商业街分为传统商业街、文化特色街和旅游休闲街等类型。

1. 传统商业街

传统商业街是以传统商业为主要内容，通过提升环境，调整消费业态形成的商业街区。传统商业街一般是旧城区的主要组成部分，具有一定的文化底蕴和庞杂的社会与经济构造，是城市传统文化的载体，反映了城市发展的历史脉络。传统商业街存在的重要条件是街区中集聚的一定数目的历史建筑，具有独特的城市传统物质空间环境。我国很多城市传统商业街都是名声在外的百年老街，见证了历史的沧桑，留下了时代的烙印，能够体现城市的修建风格和历史文化积淀。例如，上海的南京路、青岛的中山路、广州的上下九、天津的和平路、姑苏的观前街等。

2. 文化特色街

文化特色街是以原有的风貌文化、民俗等为基础，以休闲消费为特色，具有购物、餐饮、休闲、旅游等多种功能特质的、体现城市文化特色的开放式街区。文化特色街是街区在形式上的进一步拓展和内涵上的进一步丰富，对城市经济社会发展和提高城市的宜居度、闻名度、美誉度等具有重要意义。例如，成都的锦里、重庆的洪崖洞等特色休闲步行街，杭州的清河坊历史文化街区、丝绸文化特色街等。

3. 旅游休闲街

旅游观光休闲街一般存在于有悠久的历史和文化底蕴的城市中，包括一些古城和古镇，如北京的琉璃厂、安徽省屯溪的老街、上海新天地等，或者是出于旅游目的专门修建的步行街，如意大利的水城威尼斯、巴塞罗那著名的"兰波拉"大道等。旅游观光休闲街具有先天和独特的旅游、观光、休闲功能，应结合城市的旅游资源打造。旅游观光休闲街往往兼多种功能于一身，为消费者提供一个宜人的休闲、娱乐环境，消费者可以充分感受到交往、娱乐的乐趣，购物不再是主题。

（三）按商业街的等级分类

根据商业街所处地理位置、大小、辐射人口数量等要素，我们可将商业街分为超广域型商业街、广域型商业街、地域型商业街、邻里型商业街等不同类型。

1. 超广域型商业街

超广域型商业街地处大城市的几何中心或交通便捷处，商业街区长度一般为1 000～5 000米，商业设施立面高度6层以上，商店密度为80%～100%。超广域型商业街所处的大城市人口规模100万以上，街区辐射人口为300万人。超广域商业街的设施构成包括商业、服务、饮食、观光等，以高档商店、高档餐馆、高级娱乐中心、高级服务设施等为中心，核心网点为高档时装店、休闲娱乐场所、各类专业服务店、商务会所等，营造高端、舒适、个性、新潮的消费环境。

2. 广域型商业街

广域型商业街地处中等城市中心区或大型城市副中心区，城市人口规模为30万人，商业区辐射人口为100万人。广域型商业街日客流量约为5万人，商店数目1 000～3 000家，涵盖商业、商务、餐饮、娱乐等多种功能，以中档商店为中心，核心商店是百货、服装、餐饮店等。

3. 地域型商业街

地域型商业街地处所在区域中心位置，街区长度为500～700米，商业设施立面高度为 2~4 层，商店密度为 70%~90%。地域型商业街所处的区域城市人口规模约为 3 万人，商业街区辐射人口约为 10 万人。商业街日客流量约为 1 万人，商店数目为 300~400 家，设置零售、餐饮等店铺，以中、低档日用品为中心。

4. 邻里型商业街

邻里型商业街位于地方城镇几何中心，商业街长度为 100~200 米，立面高度为 1~2 层，商店密度为 50%~80%。邻里型商业街所处的城镇，人口约为 3 000 人，街区辐射人口约为 10 000 人。邻里型商业街商店数目约为 50 家，主要包括零售店铺和风味小吃店，以生活日用品为中心，给人的印象是随意、亲切和大众化。邻里型商业街与交通网相连，但并非客货流运动线上，因此，商业街方便了固定消费者，对流动顾客的吸引力有限，商业范围有限。

除了上述三种常用的分类方式，还有一些其他的分类方式，如根据商业街规模的不同，其可以分为大型商业街、中型商业街和小型商业街；根据商业街的建筑结构，其可以分为纯露天商业街、顶部遮盖商业街、室内商业街、地下商业街以及社区生活商业街等。

第二节　城市商业街规划要点

商业街的定位、适合的区位、合理的业态结构，对商业街的吸引力和竞争力具有重要影响。因此，在商业街布局规划中，政府应充分考虑这些要点，制定科学合理的规划方案，实现商业街的可持续发展。

一、商业街规划的原则

商业街是众多商业机构在空间上的一种集聚、组合形态，是企业组织的集合，因此，商业街具有一定的"私人"设施属性。同时，商业街又是城市设施、环境要素中极为重要的组成部分，因而，又具有城市公用设施的属性，具有一定程度的公共性。这两方面的属性决定了商业街规划既要考虑企业（店铺）的经营效果，又要考虑商业街的整体经营效果，以及作为城市公共设施的公共效应。因此，商业街规划应遵循以下原则[1][2]：

（1）市场化原则。商业街规划要立足于市场需求，遵从市场规律配置商业街资源，使商业企业在商业街上的集聚真正成为一种市场行为；充分发挥市场主体的积极性和主观能动性，商业街的位置、规模、风格、建设投资等都应根据市场需求状况而定；

① 李捷芳. 现代商业街规划设计研究［J］. 广东科技，2008（3）：30-32.
② 商务部. 步行街高质量发展工作指引（征求意见稿）［EB/OL］.（2021-08-24）［2025-06-09］. https://ltfzs.mofcom.gov.cn/gztz/art/2021/art_6d339e5c3bb9422f83e94af3c6473c51.html.

吸引社会资本参与商业街建设和商业运营，发挥政府引导作用，探索多方参与的共管共治机制和市场化运营模式。

（2）企业利益与社会公共利益兼顾原则。商业街不只是企业的经营资源，也是城市公共设施的一部分。因此，商业街规划既要保证商业企业的利益，也要考虑社会公共利益，这就要求包括政府在内的多方主体共同参与到商业街的发展规划中来。

（3）整体优化和内部协调原则。商业街是一个整体，商业街整体的竞争优势地位是组成企业持续生存和发展的前提。因此，商业街规划应当优先考虑商业街整体优化问题。当企业个体与商业街整体的利益发生冲突时，政府应当建立内部协调机制，约束成员企业服从商业街整体的共同利益。

（4）科学化原则。以高标准规划引领商业街高质量发展，找准自身竞争优势，优化商业街区环境，提高商品和服务质量，规范商业街管理运营，提升便利化水平，打造智慧商业街区。

二、商业街规划的主要内容

合理规划商业街，有利于商业街的高质量发展，为消费者提供更加便捷、舒适的购物和休闲环境，更好的满足消费者的消费需求，增强城市商业活力和魅力。政府在进行商业街规划时，应重点考虑商业街的选址、定位、规模、风格以及业态组合。

1. 选址

商业街选址主要考虑三个方面，即交通便利程度、周边人口聚集程度以及地区经济发展水平。

第一，交通便利程度。交通是商业街选址以及建设首要考虑的问题，交通便利度会影响商业街的直接客流量以及辐射范围，商业街的选址应尽可能靠近地铁站、火车站、公交站或其他重要的交通节点。良好的交通连接不仅方便了顾客的到达，也提高了商业街的可见度。交通枢纽附近的商业活动往往更为繁忙，因为它们能够吸引来自不同方向的人流，包括通勤者、游客和当地居民。

第二，周边人口聚集程度。周边人口聚集程度反映了周边潜在消费者的数量和消费需求，对商家而言，周边人口聚集程度高，也可以为其提供充足的劳动力资源。此外，周边人口聚集更容易形成一定的社区文化，有利于商业街形成特色和文化基础。例如，在市中心或已有商业集聚区建设商业街，可以充分利用这些区域的成熟商业环境和高人流量。市中心通常具有较高的商业活动密度和多样化的顾客群体，为商业街提供了天然的客流优势，同时，市中心的商业氛围有利于形成集群效应，吸引更多的消费者和投资者。

第三，地区经济发展水平。地区经济发展水平影响着消费者的消费能力以及市场活跃度。在经济发达的地区，第三产业占比往往更高，商业街可以包含更为丰富的产品，开展更加多样化的商业活动。

一般来说，超广域型商业街应选址在流动性人口多、外部交通便利、集客能力较强，或有传统特色的区域，而且主要限于大城市。广域型商业街应选址在一般城市的外部交通便利、集客能力较强的区域。地域型商业街应选址在市中心外部交通便利的地方，如车站周围或其他文化娱乐设施比较集中的地方。邻近型商业街应选址在居民区或邻近居民区的周边地区。

2. 定位

根据规范商业街的量化标准、人文环境、地理比重和可塑性四点定位准则，剖析商业街单体，确定商业街发展的功能定位，在此基础上设计城市商业发展的总体框架。确立商业街定位时应考虑以下四个方面：

第一，所在城市的历史渊源和资源。不同的历史和文化背景能够为商业街的定位提供独特的元素，提升商业街的吸引力和竞争力，使商业街成为展示当地城市风貌和历史文化的重要窗口。例如，北京王府井商业街通过建筑风格、景观设计、文化展示等方式，将北京深厚的历史文化融入商业街。

第二，所在城市的基本职能和城市功能。政府在规划商业街时，应充分考虑城市的基本职能和城市功能，以确保商业街的可持续发展和长期效益。经济型城市可能更偏向服务产业发展，而文化型城市可能更注重文化展示和交流。因此，商业街的定位应与城市的经济、文化、交通等功能相协调，以满足市民和游客的多样化需求。

第三，所在城市或城市不同区域的发展基础。所在城市或城市不同区域的整体定位、人口结构、交通条件、市政规划和空间布局等因素，共同影响着商业街的定位。政府应充分考虑区域发展基础，以确保商业街能够与其所在的城市或区域环境相协调、相融合。

第四，所在商圈的状况。有些商业街规划在城市商圈内，是城市商圈发展的重要支撑。政府在规划此类商业街时，应充分了解所在商圈的类型、规模、发展成熟度、竞争状况以及消费特征等，据此确定商业街的定位。例如，商圈规模的大小决定了商业街的潜在顾客数量和市场规模。大型商圈意味着更多的潜在消费者和更大的市场规模，商业街可以相应扩大规模，引入更多业态和品牌；相反，小型商圈的顾客数量和市场规模有限，商业街应更加注重定位差异化，提供有特色的商品和服务。

3. 规模

政府应根据商业需求确定商业街的规模，合理规划商业街空间，防止商业资源过剩或不足。商业街的规模包括商业街的长度、高度和宽度三个方面。

第一，长度。商业街的有效长度与人的心理和生理因素有关，且受到街道环境的影响。一般而言，商业步行街的长度在 300 米左右为宜。从全国商业街建设情况来看，商业街长度有扩大趋势，很多开发商在商业街开发过程中，更多考虑规模效益，但却忽略了边际效益，最佳规模才能产生最佳效益。

第二，宽度。商业街的宽度要满足步行方便、舒适的要求，还要考虑商业街的空间结构，临街建筑的高度以及街道的环境设施等情况。一般而言，为适应行人穿越、停驻、进出建筑设施的要求，商业街宽度一般不小于 6 米，但也不宜过宽，20 米以内为宜。

第三，高度。一般商业街的建筑高度以一层到二层为宜，部分主力店铺可以三层或四层。根据街道美学的原则，商业街的宽与高之比控制在 1 左右（0.5~2）较为理想。

此外，商业街规划时，长宽高的设计需要综合考虑以下五个因素：一是商业街所处街道形态，商业街的规模要与街道形态相适应；二是商业街周边的环境，包括人口特别是流动人口、历史传统以及商业街与周边集客的距离等；三是商业街的发展潜力，包括商业街未来人口迁移、道路扩展、交通改善以及城市建设规划等；四是城市商业的空间结构，包括城市商业的空间分布、商业密度等；五是城市规划，包括城市居民区的规划、工业区规划、商业区规划、交通规划等。

4. 风格

商业街的风格是指商业街的整体格调和整体形象，是商业街特色与生命力的体现。商业街风格是通过商业街的一系列活动和较长时间的运作，给社会留下的知名度、印象度。商业街既要拥有统一的建筑风格，也要突出每个店铺的个性风格。

商业街的风格首先取决于商业街的功能定位。政府应结合商业街的定位，确定商业街的风格是传统型、时尚型还是融合型等。其次，商业街的风格还取决于商业街的环境设计，包括步行道、店铺的建筑造型及外部装饰、人文景观、休闲设施等。环境是风格的外在体现，并且应与商业街的定位相呼应。

5. 商业街的业态组合

商业街具有购物、餐饮、休闲、娱乐、文化、旅游等多项功能。因此，合理规划商业街的业态业种，是商业街规划和管理面临的重要问题，不同类型的商业街业态业种的配置也有所不同。

一条商业街中，主力业态和配套业态应相互补充，充分发挥不同类型经营主体集聚所产生的乘数效应，满足顾客多样化多层次的消费需求，避免同行过度竞争，凝聚各业态的闪光点，强化和突显商业街的整体定位。一般来说，商业街的购物功能占比40%、餐饮功能占比 30%、休闲娱乐功能占比 30%。当然，功能定位不同的商业街在业态构成比重上的侧重点不同，例如专业商业街应加重相对应的专业业态比重，占比不低于 50%。

三、商业街的发展趋势

商业街正逐步迈向多业态复合发展、主题化差异发展以及文商旅融合发展的新时代。商业街的发展趋势体现了商业街适应市场变化和消费者需求的灵活性，为商业街的创新与发展提供了新的方向。

（一）多业态复合发展

随着经济的发展和人民生活水平的提高，消费者的消费能力和消费偏好也在发生深刻变化。传统的仅有单一购物服务功能的商业街，已经不能满足消费者的多样化需求，需要融入餐饮、休闲、娱乐等多种体验式业态，实现多种业态的融合协同发展，提高综合服务能力。购物、餐饮、娱乐、休闲等商业业态相互补充，形成协同效应，满足消费者"一站式"消费需求，不仅提升了商业街的综合竞争力，也为消费者提供了便捷的购物环境，增强了消费者的购物体验感①。

（二）主题化差异发展

在激烈的市场竞争中，为了避免同质化竞争，围绕自身特色打造主题商业街是提升商业街核心竞争力的重要方式，商业街发展已步入追求个性化，凸显主题化的新时代。在客群定位上，主题商业街更倾向于对一部分客户进行精准定位和营销，从定位到设计再到招商运营，都沿着特定的主题进行，从而打造出专属于特定客群的商业化产品，满足特定用户的消费需求。同时，主题商业街在个性化、差异化的基础上融入更多的商业元素，满足市场中某些特定人群的消费需求和兴趣导向，实现对消费客群的导流，并在此基础上叠加与之关联的其他业态，为消费者提供更加多元化的服务，实现商业价值。因此，在商业业态同质化严重的情况下，打造个性化、差异化的主题商业街，可以为消费者提供更具特色的感官体验。

（三）文商旅融合发展

推动商业街文旅融合发展，有助于保护和传承文化遗产，提升城市形象，激发消费潜力。这不仅可以让消费者感受到独具特色的地方文化和风土人情，还可以为消费者带来全新的购物体验和感受，促进了特色文化的繁荣与传播，也为传统商业街的转型升级提供了新思路。

商业街文旅融合发展，展示了商业街在城市发展过程中的文化担当。文旅融合商业街区的兴起，不仅促进了旅游业的发展，还带动了餐饮、住宿、交通等相关产业的发展，成为城市经济发展的新动力。文旅融合推动商业街发展，不仅注重商业设施的提升，还关注历史建筑的保护和公共空间的营造，使得城市的环境和风貌得到有效改善，为城市发展注入新的活力，提高了城市的吸引力和竞争力。因此，推动商业街文旅融合发展，不仅可以带来经济效益，还可以传承历史文化。通过保护和传承历史文化遗产，这些商业街区为城市的文化积淀留下了宝贵的印记，游客在这里可以深入了解城市的历史和文化，感受传统与现代的交融；同时，也为艺术家、设计师等提供了展示和交流的平台，促进了文化创新和创意产业的发展，激发了城市的创意活力和文化多样性，提升城市的软实力和品牌形象。

---

① 　朱皓云. 现代商业网点规划理论与实践［M］. 北京：中国财政经济出版社，2020.

第三节 城市商业街建设案例

一、上海南京路商业街

上海南京路商业街（见图5-1）是集购物、旅游、商务、文化等多个功能于一体的特色商业步行街。南京路商业街位于上海市黄浦区境内，西起西藏中路，东至中山东一路外滩，全长1 033米，占约南京东路总长的三分之二，路幅宽18~28米，总用地约3万平方米。采用不对称的布置方式，以"金带"为主线贯穿整条步行街，集中布置城市公共设施，并设有34个造型各异的花坛。

图5-1 上海南京路商业街

图片来源：视觉中国网。

（一）选址

南京路商业街位于上海市中心，交通网络发达，有地铁、公交等多种交通方式可供选择，消费者可以方便快捷地到达商业街。南京路商业街是连接市区和郊区的交通枢纽，方便了不同区域的消费者前来购物，不仅吸引了本地消费者，还吸引了大量外地游客和商务人士前来购物和消费，进一步提升了商业街的客流量和商业氛围。

（二）定位

南京路商业街拥有悠久的历史和文化底蕴，定位为服务高端消费市场，提供高品质商品和服务。商业街汇聚了许多国内外品牌企业，为企业提供了一个展示和推广的平台，同时也提升了商业街的整体档次和品牌形象。

（三）风格

南京路商业街的建筑风格独特，多为西式建筑，给人以庄重、典雅的感觉。这种建筑风格与上海市的整体风格相协调，为商业街增添了浓厚的文化氛围，同时，建筑风格也与商业氛围相得益彰，吸引了大量游客前来观光购物。此外，注重橱窗陈列设计，在突显商家店铺风格个性化的同时，与商业街整体风格适配，提升了商业街的美观度和吸引力。

（四）业态组合

南京路商业街不仅拥有传统特色小吃、地方特产、名品服饰、珠宝首饰等众多特色商品，还集聚了众多国内外品牌旗舰店。商业街内部各业态相互补充、协调发展，凝聚了各业态的闪光点，满足了不同消费者的购物需求。业态的多元融合，满足了市场的多元化需求，使其始终保持着商业活力和竞争力。

二、哈尔滨中央大街

哈尔滨央中大街（见图 5-2）位于哈尔滨道里区，西至通江街，东至尚志大街，北起松花江，南至经纬街，全长 1 450 米，占地面积约 1 平方千米。街区汇集了文艺复兴、巴洛克、折中主义、新艺术运动以及古典主义等西方建筑风格的历史建筑，均为历史保护建筑。1986 年，哈尔滨市政府将中央大街确定为保护街路，1997 年改造成商业步行街，获得"全国百城万店无假货示范街""中国人居环境范例奖""中国历史文化名街"等荣誉称号，2012 年评为国家 AAAA 级旅游景区，2023 年被评为"全国示范步行街"。

图 5-2 哈尔滨中央大街

图片来源：视觉中国 www.vcg.com

（一）选址

哈尔滨中央大街地处哈尔滨市中心地带，北起松花江畔的防洪纪念塔广场，南接新阳广场，地理位置优越。中央大街四通八达，是连接城市南北的重要通道，具有极高的交通便捷性，极大地方便了游客和市民出行。同时，中央大街周边拥有丰富的历史建筑和文化遗产，如圣索菲亚大教堂、马迭尔宾馆等，为中央大街增添了独特的魅力，丰富了历史文化底蕴。

（二）定位

中央大街定位为打造"国际旅游时尚名街""中国欧陆文化之窗"，立足国内，面向世界，多层次全方位挖掘中央大街文化精髓，以引领国际时尚为指引，以丰富游客体验为目标，依托中央大街主辅街及特色建筑，通过业态转型升级、营造文化氛围、提升商业品质，构建服务完善、功能齐全、引领时尚、融旅游休闲于一体的现代商业体系。紧跟国际时尚潮流，引进国际知名品牌，打造时尚消费体验，街区内不仅汇聚了国际知名品牌旗舰店，还有各种时尚潮流精品店和创意店铺，为消费者提供了丰富的购物选择。此外，定期举办时装秀、品牌发布会等各类时尚活动，不断提升中央大街的国际时尚影响力。

（三）风格

中央大街独特的建筑风格使其成为哈尔滨的标志性建筑之一，被誉为"亚洲第一街"，成为哈尔滨的城市名片。中央大街汇集了文艺复兴、巴洛克、折中主义、新艺术运动以及古典主义等多种西方建筑风格，这些独特的建筑风格成为了吸引游客的重要因素，每年数以百万计的游客慕名而来。中央大街不仅保留了丰富的历史建筑，还融入了现代元素，历史与现代的融合使得游客在游览过程中能够感受到浓厚的历史感和现代都市氛围。

（四）业态组合

中央大街汇聚了众多国际知名品牌和本土特色品牌，为游客提供了从高端商品到特色商品的丰富购物选择，多元化的购物环境满足了游客的不同需求，增加了游客的购物乐趣。同时，中央大街还提供了多样化的餐饮体验，使游客在游览过程中可以享受美食盛宴。游客可以品尝西餐、中餐、特色小吃等各种美食。此外，积极引进文化创意产业，如艺术品店、手工艺品店等，为游客提供独特的文化体验，推动了当地文化创意产业的发展。

本章小结

1. 商业街是由若干大型店铺与众多中小零售商店按一定结构比例，以带状或环形组团建筑形态组成，统一管理并具有一定规模的商业集聚地。

2. 根据商业街的主要功能，我们可以将商业街分为综合商业街、专业商业街和特色商业街；根据商业街的主题特色，我们可以将商业街分为传统商业街、文化特色街和旅游休闲街；根据商业街所处地理位置、大小、辐射人口数量等要素，我们可以将商业街分为超广域型商业街、广域型商业街、地域型商业街、邻里型商业街。

3. 商业街规划应遵循市场化原则、企业利益与社会公共利益兼顾原则、整体优化和内部协调原则和科学化原则。商业街规划的主要内容包括商业街的选址、定位、规模、风格以及业态组合。

复习思考题

1. 简述商业街的概念及特点。
2. 简述商业街的类型。
3. 简述商业街规划的主要内容。

拓展 1：
《商务部关于加快我国商业街建设与发展的指导意见》

拓展 2：
商务部办公厅关于印发
《推动步行街改造提升工作方案》的通知

第六章

社区商业

■ 本章概要

　　本章主要包括三个部分，分别是社区商业概述、社区商业建设要点以及社区商业规划的案例及建设指南。概述部分首先介绍了社区和社区商业的概念，然后分析了社区商业的特征与功能及其发展趋势；建设要点主要包括建设要求、配置要求以及基本原则和业态配置要求等；案例及建设指南包括上海市虹口区社区商业"十三五"发展规划和最新的城市一刻钟便民生活圈建设指南。

■ 本章重点

1. 社区商业的概念
2. 社区商业的分类
3. 社区商业业态配置要求
4. 社区商业建设的基本原则

第一节　社区商业概述

一、社区商业的概念

（一）社区的概念

"社区"是社会学的基本概念之一，从英语的 Community 翻译而来，原义是亲密的伙伴关系和共同体。一般认为，德国社会学家斐迪南·滕尼斯 19 世纪末在他的著作 *Community and Society* 中最早提出"社区"（community，一般译为"社区""社会""团体"等）这一概念，当时是指由具有共同的习俗和价值观念的同质人口组成的，关系密切的社会团体或共同体①。中文的"社区"一词源于我国以著名社会学家费孝通先生为代表的燕京大学社会学系的学者和学生在对滕尼斯的著作进行翻译时，提出用"社区"一词比较合适，首创中文"社区"一词，并指出社区是若干社会群体（家庭、民族）或社会组织（机关、团体）聚集在一地域里，形成的一个在生活上互相关联的大集体。后来，社会学家从不同角度对社区进行定义，1981 年根据社会家杨庆堃的统计，对"社区"一词的解释多达 140 多种。有学者根据社区的不同定义，对社区进行分类。

商业发展规划中对"社区"一词的定义主要依据《社区服务指南（第 4 部分）：卫生服务（GB/T 20647.4-2006）》中术语部分对社区的定义，即居住在一定地域内的人们所组成的多种社会关系的生活共同体。

（二）社区商业的概念

社区商业，也和社区一样，在国际上并没有一个通用的标准和定义，根据其字面意思就是为社区提供服务的商业形态。李定珍（2004）从经济学角度提出社区及社区商业的概念，认为社区商业是一种以住宅小区为载体，以一定地域居民为服务对象，以便民利民为宗旨，以满足和促进居民综合消费需求为目标的属地型商业。社区商业是城市商业空间中一个重要层次，它是相对于城市中心区商业、区域型商业而言的②。

2008 年 11 月开始实施的《社区商业设施设置与功能要求》（SB/T10455—2008）将社区商业定义为：以特定居住区的居民为主要服务对象，以便民、利民和满足居民生活消费为目标，提供日常生活需要的商品和服务的属地型商业。2020 年 3 月实施的《社区商业设施设置与功能要求（GB/T37915—2019）》中的定义则对服务对象进一步明确，指以城镇居民相对集中的居住区居民为主要服务对象，以便利居民基本生活消费为目标，提供日常生活需要的商品和服务的属地型商业形态。

二、社区商业的特征与功能

社区商业是以地域内和周边居民为主要服务对象的零售商业形态，具有较强的地域性，且以提供日常生活需要的商品和服务为主的属地型商业。社区商业服务人口一般在 5 万~10 万人，服务半径一般在 1 千米以内。这一商业的属性决定了它的总规模一般应控制在 3 万~5 万平方米，商业业态的设置针对性较强。社区商业作为属地性商业，相比其他商业形态具有一定的独特的商业特征：

① 朱皓云. 现代商业网点规划理论与实践［M］. 北京：中国财政经济出版社，2020.
② 李定珍. 社区商业理论探索［J］. 湖南商学院学报，2004，11（1）.

1. 配套性

社区商业一般是作为小区的基础配套之一，最初主要为住宅产品提供支撑和服务。城市化过程中产生的大量社区被称为"城"，通过完善的社区商业及其他产业造就的"市"使得城市以一个完整的形式发展，因此社区商业对于城市化进程和住宅社区化的发展而言，具有一定的产业配套性，这也是商业最早成为住宅配套的原因。

2. 便利性

由于社区商业的配套性，所以社区商业相比其他商业形态而言，更贴近居民生活，以便民利民为目标，具有"便利性趋近"与"日常性重复"的特点，因此社区商业主要以满足社区居民的日常性与便利性需求为主。

3. 社交性

由于社区商业更贴近居民日常生活，社交属性功能明显，在满足居民日常生活过程中能促进居民日常交往和交流，对构建和谐的社会具有重要意义，因此社区商业更容易成为社区居民愿意亲近的一员，从而体现出其服务的亲和性。

4. 稳定性

社区商业发展主要以便民利民为原则，所以社区商业业态小而美，小而美的商业业态更容易适应市场形势的变化，可以及时进行转型，转换成本较低，所以社区商业比较不容易受到市场环境等各方面的因素的影响，因而在发展上，其盈利相对稳定。

5. 多样性

社区商业是属地性商业，主要满足周边居民的日常消费需求，加上其小而美、小而精的业态特点，所以其商业业态呈现多样性特点，既有底商的形态，也有特色商业街，也可能是邻里型购物中心。具体布局哪些商业形态，主要受社区规模、消费力、消费习惯、商业辐射性等因素的影响。

三、社区商业的发展趋势

尽管社区商业期初具有配套性特征，但是随着城市化进程的不断推进，我国城镇化水平不断提升，社区商业已经成为城市商业发展的基础单元，我国社区商业的消费将逐渐占到社会消费零售总额的三分之一，社区商业进入到一个新的发展阶段。

（一）社区商业打破传统的时间限制

一方面，随着城市夜经济的迅速发展以及国家和地方政策对夜经济的重视和引导，消费者夜生活丰富起来，特别是年轻人占比比较高的社区，对夜经济的参与热情也比较高；另一方面，随着社区商业业态的发展，24 小时便利店、24 小时健身房、24 小时餐饮店、24 小时药店等全时段商业不断出现，发展夜经济，挖掘夜间消费价值，加上政府层面对于夜经济的支持政策的落实，共同构成 24 小时全时段社区商业生态圈，打破了传统的时间限制，成为城市商业活力的源泉。

（二）社区商业深挖家庭为单位的客群价值

社区居民需求的多元化，使社区居民的消费价值依然有很大的挖掘空间，其中以家庭为单位的客群成为一大主力客群。大多数以家庭为单位的客群消费需求以孩子为中心，因此多数集中商业都以儿童业态作为撬动父母消费的切入点，以便带动其他消费。社区商业以家庭消费人群为重点目标，同时针对儿童的不同成长期，推出相应的儿童一站式生活服务，全面覆盖社区以家庭为单位的消费需求，不断挖掘客群价值。

（三）社区商业更加注重商业服务性质与生活功能

以往社区商业常常作为社区配套，以"附加"形式出现，也因此更注重商业而忽略社区服务，使商户面临在最短的距离却抓不住消费者的情况。现在社区商业是以一种更有温度的商业模式，除了是周边居民需求的生活邻里中心，同时还兼具行政、健康、邻里社交、老年关爱等多种社区服务功能。现在的社区商业中心不仅要能满足消费者购物需求，还要尽可能地从各维度提供全方位生活、精神的服务，注重商业服务性质与生活功能兼具。

（四）数字经济赋能社区商业，社区商业"智能化"成趋势

随着5G、人工智能等新技术的快速发展和应用，商业发展模式迎来数字化、智能化变革，社区商业也不例外。社区商业服务于社区居民，为了提高商业服务效率和居民便利化感受，社区商业越来越多地借助于数字化技术，将传统的社区商业升级为智慧社区商业，顺应消费升级趋势，打破时间和空间的限制，更加便利化、人性化地服务社区居民。智慧型社区商业业态由传统的日常购物、餐饮、生活服务，逐渐向文化休闲、亲子娱乐、体育健身、社交等业态拓展。智慧型社区商业呈现多元化特征。

（五）社区商业进入精细化运营时代

社区商业的运营是一个非常复杂的体系，有效的运营管理将直接影响社区商业的发展与收益。当社区商业发展到一定规模后，政府就需要对社区商业进行较为科学的规划和定位，准确把握周边消费者的市场需求以及周边商业市场的供应情况，以决定自身项目的可发展规模；通过对社区商业的市场定位、业态比例、商业规划、产品组合等因素进行合理调控，使社区商业在档次或功能等方面更好地适应消费者的需求，防止重复性建设和盲目竞争，促使社区商业各部分协调经营，形成一个有机的整体，便于持续的良好发展。

（六）"小而美、小而精"的社区商业更受青睐

随着商业时代的推进，商业领域整体向着更细分的方向发展，以挖掘更广范围、更深层次的市场需求。在此背景下，市场上社区商业项目的形态也越来越丰富，其中，近几年一些"小而美、小而精"的社区商业项目纷纷涌现，并以其出奇制胜的做法赢得了市场关注。小体量社区商业，往往开发改造成本低，抗风险能力强，遇到不可抗因素，或者消费市场低迷时可以快速调整方向，避免受到更大损失。比如在一个不到5

万平方米的面积上打造一个功能多样化、造型艺术化的购物中心，充分利用土地资源、丰富内部功能，在满足消费者基本的购物需求外，增设了许多功能性和娱乐性业态，为消费者带来更好的感官体验，获得了消费者的广泛喜爱。

（七）主题化定位，形成差异化竞争优势

近年来，为了避开与周围商业体的竞争，提高自己的辨识度，社区商业在规划上也强调差异化。事实上，社区商业的业态大部分是比较接近的，但融入个别特色化的业态或者借助一些 IP 的打造，就可以赋予整体不一样的感觉，形成差异化特点。当前，文化、美学、亲子、女性、科技等主题已经被很多项目采用，形成了自己的标签。同时，政府通过定期更换装修主题和举办主题活动，为社区商业注入新鲜感和活力。当前，一站式家庭生活中心、沉浸式商业公园、街区式购物中心成了较为常见的社区商业形态。

第二节　社区商业建设要点

一、社区商业建设要求

（一）社区商业设置与服务要求

社区商业设施的设置应与城市总体规划及商业网点规划相协调，合理布局，因地制宜，并与环境相协调。社区商业设施的建设规模应与社区居住人口规模相匹配，社区商业设施建筑面积应符合《城市居住区规划设计标准》（GB50180-2018）的要求，业态组合合理。社区商业设施的建设应以便利生活为原则，选址及经营应便利社区居民的消费，且不应干扰居民生活。社区商业设施的设置应与银行、邮局、社区卫生服务站等其他公共服务设施相协调。社区商业设施应有无障碍设施。设置社区商业设施时应考虑倡导与培养社区居民绿色消费意识。

（二）社区商业零售商业设施设置要求

社区商业的大中型零售设施的店面和店内营业场所购物环境的基本要求：营销设施配置、售货单元与营销设施应符合《商店购物环境与营销设施的要求》（GB/T17110-2008）。社区大中型商业设施设置参考《绿色商场行业标准》（SB/T11135-2015），运用环保、健康、安全理念，实施节能减排、绿色产品销售和废弃物回收三位一体措施，且能够持续改进，减少对环境的影响。

（三）社区商业企业

社区商业企业应合法经营，满足相应的法规、开业技术条件及食品的安全性并保证便利性。社区商业企业在接受现金支付的前提下，鼓励采用安全合法的银行卡等非

现金支付工具，保障人民群众和消费者在现金支付及电子化结算方式上的选择权。社区商业企业宜提供便民缴费点，支持煤水电、通信费用、交通罚款等公共缴费项目自助支付服务。社区商业企业在数据采集及应用阶段应符合相关法律法规要求。社区商业企业从业人员应遵循服务规范，接受岗前及在岗培训。

二、社区商业的分类及配置

（一）社区商业的分类

在《社区商业设施设置与功能要求》（SB/T 10455—2008）中，社区商业按居住人口规模和服务的范围分为邻里商业、居住区商业和社区商业中心。而 2020 年颁布的《社区商业设施设置与功能要求》（GB/T37915-2019）中，社区商业按照居住人口规模和服务半径可分为社区商业综合体、社区便民商业中心和街坊商业，各类社区商业的设置规模如表 6-1 所示。

表 6-1　社区商业的设置规模

分类	指标			
	服务人口 /万人	服务半径 /千米	人均商业面积 （建筑面积）/千米	商业设施规模 （建筑面积）/平方米
社区商业综合体	3~5	≤3	0.6~0.8	1~4.5
社区便民商业中心	0.5~1	≤1	0.45~0.57	0.05~0.2
街坊商业	≤0.3	≤0.5	0.15~0.37	≤0.5

（二）社区商业配置

1. 社区商业业态的功能要求

社区商业设置和业态配置参照《零售业态分类》（GB/T 18106-2021），社区商业的空间布局要充分考虑社区居民消费的便利性，合理设置社区商业网点的服务半径和数量，步行 5 分钟之内可到达便利店、便民店、食杂店、早餐店等，非机动车 10 分钟之内可到达社区生鲜超市、菜市场、餐饮店、美容美发店、洗衣店、药店、维修店等，机动车 15 分钟之内可到达社区购物中心。社区商业购物服务各业态功能要求应满足如下的要求（见表 6-2）：

表 6-2　社区商业购物服务各业态功能及组合①

序号	业态	规模	商品售卖形式	服务功能
1	便利店	参考 GB/T 18106	以开架自选为主，结算在收银处统一进行	营业时间 16 小时以上，提供即食性食品的辅助设施，开设多项服务项目
2	超市		自选销售，出入口分设，在收银台统一结算	营业时间 12 小时以上
3	大型超市		自选销售，出入口分设，在收银台统一结算	设不低于营业面积 40% 的停车场
4	仓储式会员店		自选销售，出入口分设，在收银台统一结算	设相当于营业面积的停车场
5	专业店		—	—
6	专卖店		—	—
7	智能便利设施	选址于封闭商圈或封闭社区内，面积在 20 m² ~ 30 m²，能容纳 500 ~ 1 000 种单品	以便利性为出发点，支持在无工作人员介入的情况下，采用物联网、人工智能、大数据等技术手段，让消费者自主完成商品购买，享受便利服务	7 ~ 24 小时不间断服务的能力，有条件的也可以拓展提供除售卖商品以外的便民服务项目
8	社区购物综合体	营业面积为 10 000~45 000 m²	各个租赁店独立开展经营活动	停车位 100~500 个
9	菜市场	菜市场建筑面积≥150 m²	采取摊位销售或开架面售相结合的方式	每日提供安全、新鲜的菜、蛋、肉、奶等各类衣副产品
10	生鲜超市	营业面积 300 m² ~3 000 m²，其中生鲜面积大于 1/3	采取线上线下相结合的结算方式	提供肉、蛋、菜、奶、水产品、加工食品等

2. 社区商业类型及功能

社区商业应具备居民日常生活所需的购物服务、生活服务两项基本功能，与居住区的人口结构和居民的消费习惯、消费水平、消费方式相适应，并随居民生活水平的提高不断完善。社区商业中心应设置在交通便利、人流相对集中的区域，可结合轨道交通枢纽、沿居住区的主要道路布局和设置。连锁经营企业宜在社区商业经营中发挥主导地位。社区商业企业宜采用无人电子便民设备，同时提供线上服务与上门配送服务。社区商业购物及居民生活服务业态类型与功能要求见表 6-3。

① 张丽君，王享红，于天浩，等. 社区商业设施设置与功能要求 非书资料：GB/T 37915-2019 ［S］. 北京：中国银联股份有限公司，2018.

表 6-3　社区商业购物及居民生活服务业态类型与功能要求

社区商业分类	购物服务			居民生活服务			备注
	必备性业态及服务	补充性业态、提升性业态及服务	提升性业态及服务	必备性业态及服务	补充性业态及服务	提升性业态及服务	
社区商业综合体	生鲜超市（菜市场）、便利店、专卖店、专业店、网上商店、智能便利设施等	仓储会员店、专卖店、专业店、电话购物、无人电子便民设备等		餐饮服务、餐饮配送服务、外卖送餐服务、家庭服务、洗染服务、理发及美容服务、托儿所等	计算机和辅助设备修理服务、汽车修理与维护服务、搬家服务、居民宠物服务、清洁服务、再生资源回收、摄影扩印及文印服务等		快递服务、健康体检服务、护理机构服务、老年人和残疾人养护服务、社会看护与帮助服务、房地产中介服务、商业银行服务、邮政基本服务、群众文化服务、旅行社服务等
社区便民商业中心	超市、菜市场、生鲜超市、便利店、智能便利设施、托儿所等	网上商店、专卖店、专业店、电话购物、无人电子便民设备等	书店、体育健身服务、商业银行服务	餐饮、餐饮配送服务、外卖送餐服务、家庭服务、洗染服务、理发及美容服务、托儿所等	计算机和辅助设备修理服务、居民宠物服务、清洁服务　资源回收、汽车修理维护服务、家用电器修理服务、搬家服务、洗浴服务、摄影扩印及文印服务等	药店、咖啡厅、花店、共享服务	
街坊商业	小型超市、便利店（食杂店）、便民菜店、智能便利设施等	专业店、流动式蔬菜车、无人电子便民设备等		餐饮服务、小吃服务、餐饮配送服务、外卖送餐服务等	正餐服务、洗染服务、家庭服务、计算机和辅助设备修理服务、居民宠物服务、清洁服务、再生资源回收等		

三、社区商业建设的基本原则[①]

（一）政府引导、市场主导

政府提供政策支持、规划指导和监管保障，确保社区商业符合居民需求和社会效益。鼓励各类社会主体参与投资建设运营，充分发挥市场在资源配置中的决定性作用，通过市场竞争优化服务，满足多样化需求，提高可持续发展能力。

（二）以人为本、精准匹配

社区商业要坚持"以人为本"，通过"精准匹配"满足居民需求，围绕服务便民利民的目的，按照人口结构、消费能力及空间特点精准的布局社区商业业态，打造真正便利、温暖、有归属感的社区商业生态。

（三）集约建设、社区融合

结合实施城市更新行动，盘活存量设施资源，集中建设新增设施，提高设施使用效率，在保证安全的前提下提倡"一点多用、一店多能"，避免大拆大建。设置公共休闲区、市集广场、社区活动中心，鼓励居民社交，营造商居和谐的消费环境，做到商业环境与居住环境相协调，业态发展和居民需求相匹配。

① 城市一刻钟便民生活圈建设指南 ［EB/OL］. (2023-07-11) ［2025-06-09］. http://www.gov.cn/zhengce/zhengcekll/202307/content_6891466.htm.

（四）智慧驱动、高效发展

支持线上下单、社区团购、智能快递柜等便捷功能，鼓励标准化、连锁化、特色化、智慧化、专业化发展；借助消费数据分析，精准调整商品和服务供给，提供适合社区消费群体的多层次、个性化商品和服务。

四、社区商业业态配置要求

（一）优先配齐基本保障类业态

基本保障类业态在社区居民日常生活中必不可少，各地在便民生活圈建设过程中，应通过引进品牌企业、扩充现有网点功能等方式，优先配齐、配优、配强此类业态。鼓励各地结合发展实际，按照商业性、类公益性的分类，明确不同基本保障类业态的属性，建立商业网点设施目录或清单。推动将公益性业态纳入城市公共服务设施目录或城镇老旧小区改造内容，已建居住区要按照"缺什么补什么"的原则优化网点配置，新建居住区必须统一规划和建设商业网点，并按规定配建养老服务设施。

（二）因地制宜发展品质提升类业态

根据社区发展基础和居民消费需求，引进知名品牌连锁企业，渐进式发展品质提升类业态。优先发展居民对生活品质提升最迫切需要的老年康护、特色餐饮、运动健身、新式书店、幼儿托管等业态。

（三）加快菜市场标准化改造升级

菜市场是便民生活圈商业设施的重要组成部分，是便民生活圈建设的关键着力点，各地要参照商务部印发的《标准化菜市场设置与管理规范》（商办建函〔2011〕866号），结合不同社区实际，分类制定高起点改造的地方标准，加快推进社区菜市场、生鲜店（菜店）标准化、智慧化建设，丰富商品品类、保障食品安全、维持价格稳定、提升管理水平、优化购物环境，鼓励开展配送上门等增值服务、便民服务，满足居民消费需求。

（四）重点发展品牌连锁店

提高品牌连锁化覆盖率，连锁店数量占便民生活圈商业网点总量的比重应在30%以上。鼓励各地提供闲置资源和优惠政策，支持品牌连锁企业（养老、托育、便利店、药店、家政服务店、美容美发店等）进社区，发展智能社区商店（无人值守便利店、自助售卖机等）。鼓励便利店、药店视情况延长营业时间，有条件的可以24小时营业。鼓励小商店、杂货店、副食店自愿向加盟连锁发展，提高商品质量和服务水平。鼓励连锁药店利用专业力量拓展老年康护、保健养生咨询或培训等项目，引入健身、养生、美容等功能和产品，开展高质量的便民服务。支持品牌连锁企业完善门店的前置仓和配送功能，推动线下线上融合、店配宅配融合、末端共同配送及店仓配一体化运营。

（五）构建多层次早餐供应体系

针对不同地区的社区居民消费习惯和消费需求，推动构建以社区早餐店为主体，以便利店、特色餐饮店、箱式移动餐饮售卖车等为补充的多层次早餐供应体系，丰富小菜、营养粥、豆制品、奶制品、主食等品种，保障居民吃得好、吃得营养卫生。

（六）积极发展可移动商业设施

充分发挥自助售卖机、蔬菜直通车、箱式移动餐饮售卖车等可移动商业零售设施的灵活性优势，使之成为便民生活圈的有益补充，并弥补空间不足的短板。

（七）鼓励"一店多能"

鼓励各类商业网点提供多样化便民服务，在安全、卫生的前提下适度搭载书报经营、打印复印、代扣代缴、代收代发、家政预约等项目，提高设施使用效率，增强微利业态经营的可持续性。

第三节　社区商业规划案例

研究社区商业的建设案例，能为我们提供实践经验和成功策略，这对于城市社区商业建设、规划和经营管理具有较大的借鉴意义。同时，这些案例也可以为我们提供参考，帮助我们在面临复杂、变化的城市环境时，更好地解决问题，实现城市商圈的持续发展和繁荣。本节主要分享虹口区社区商业发展"十三五"规划。

一、虹口区社区商业发展"十三五"规划[①]

（一）虹口区社区商业发展的现状

虹口区城市住宅建设和旧区改造步伐加快，居民生活条件得以改善，城市环境品质得到提升，社区商业快速发展，商业设施建设加快推进，便民网点布局逐步形成，区域内居民日常生活消费需求得到基本满足，为未来发展打下了基础。

——社区商业设施规模稳步增长。截至2015年年底，全区商业总建筑面积约为200万平方米，人均商业建筑面积约为2.34平方米。其中，社区商业总建筑面积约105.5万平方米。区内大型社区商业中心3个，建筑面积总计16.3万平方米；大型综合超市12家，总建筑面积11.68万平方米；标准化菜市场35个，总建筑面积6.5万平方米。

——多层次布局形态逐步形成。截至2015年年底，"社区商业中心、居住区商业、邻里商业"等多层次的社区商业布局形态已逐步形成。瑞虹新城、曲阳生活购物中心被评为全国社区商业示范社区。居住区商业中菜市场、超市、便利店等业态逐步完善，邻里商业面包房、小餐饮、洗衣店等便利化网点更加完善，服务功能逐步提升。

——社区必备业态稳步发展。全区35家菜场全部完成标准化改造，部分正在进行或已经完成二次改造。以小吃及快餐、面包甜点、本帮菜等为主的大众餐饮快速发展，

① 虹口区商务委员会。

种类丰富，品牌多样。社区服务中心、活动中心及卫生服务中心为居民提供事务受理、老年人日托、政策咨询等多样化的生活服务。

——网络化、信息化水平不断提高。全区主要商业街、商场、大型餐饮场所等已基本实现无线网络全覆盖。"乐游虹口"微信公众号通过食荟虹口、玩转虹口、便民信息、商旅创文直击等栏目，及时推送虹口区的衣食住行等商旅资讯。

（二）社区商业发展的趋势和面临的挑战

实体零售和网络零售逐步融合，全渠道经营模式日趋明显；消费者需求导向进一步成为商业发展的重心，服务消费需求快速增长，跨界和跨业发展成为常态；信息技术驱动商业智能化发展，网络购物成为重要方式，网订店取、宅配到家、海外直邮等新模式方兴未艾。

——业态组合更趋多元，服务业态占比提高。一方面，家政、养老、修理及维护、快递代收代送等生活服务业态，以及社区电影院、运动健身设施、家居馆、中西特色餐饮、咖啡店等休闲体验业态将成为社区商业发展的新兴热点；另一方面，社区商业业态将更加复合化，零售业各业态之间，餐饮、零售与休闲、娱乐、文化创意等不同产业将加快融合发展。

——需求更加多样多层次，布局更趋个性集约。由于城区建设新老住宅交错分布，住宅小区及商业设施已形成既定格局，可调整空间有限，可用载体比较零散。未来社区商业网点的设置将更灵活，需更多考虑人口结构、消费特征、空间特点等因素。

——复合功能不断提升，服务范围更加宽泛。随着消费水平的提升，社区商业服务功能将日趋多元化、复合化。社区商业将从过去只提供商品和服务，转变为提供生活方式场所，更加注重以儿童游乐、早教、亲子活动为主的家庭消费需求，以居家养老、老年保健、上门服务等为主的老年群体消费需求，以商务聚会、洽谈、休闲、社交等功能的商务需求。

——技术创新推动渠道创新，新业态新模式不断涌现。互联网新技术和电子商务在社区商业发展中的应用越来越广泛，线上线下双渠道并行发展。社区消费大数据将会不断被挖掘利用，增值服务逐步丰富拓展。依托资本、技术和市场的智慧社区商业、智慧养老、智慧家政等服务平台加快构建完善，社区商业可持续发展能力逐步提升。

虹口区社区商业基本满足居民当前日常生活需求，但在切实解决服务群众的"最后一公里"问题方面仍存在一些薄弱环节；在提高消费满意度、服务完善度、布局便利度和市民获得感等方面仍存在一些差距；在适应现代化和谐城区建设、积极打造便民利民的商业公共服务体系方面仍存在一些提升空间。

（三）社区商业"十三五"发展目标

1. 指导思想

根据《上海市虹口区国民经济和社会发展第十三个五年规划纲要》的要求，牢固树立创新、协调、绿色、开放、共享的新发展理念，尊重城市商业发展规律，坚持创新驱动发展、经济转型升级。更加注重提高社区商业发展的质量和效益，更加注重社区商业发展结构性改革，更加注重市民群众社区商业消费新需求的满足，推动虹口社区商业发展布局更加合理、体系更加完善、功能更加多元，着力提升人民群众获得感。

2. 发展目标

立足区域社区商业发展基础，把握消费结构变化、商业转型升级、科技驱动创新的趋势，以规划引导、布局完善、示范创建为抓手，全面促进虹口区社区商业品质化、精细化、集约化、网络化发展。到2020年，力争社区商业发展集聚一批优势企业、培育一批创新典型、建设一批亮点项目。基本建成北外滩、瑞虹两个大型地区商业中心，以及彩虹湾社区商业中心，完善提升曲阳、凉城两个社区商业中心服务能级，调整优化欧阳、四川北等社区邻里商业业态布局。结合社区服务体系建设，积极打造"15～30分钟"社区基本生活服务圈。

3. 发展原则

坚持以人为本，便民利民。以满足居民日常生活需求、方便消费为目标，不断提高居民的消费满意度。坚持因地制宜，形成特色。与居住区的区域特征、社区规模、人口结构、周边环境以及居民的消费水平、消费习惯、消费方式相适应，合理确定社区商业的规模结构、功能布局和业态组合，确保可持续发展。坚持政府引导，市场配置。发挥市场在资源配置中的决定性作用，积极引导品牌商业企业参与、支持区域社区商业发展；更好发挥政府引导功能，鼓励区属国有企业通过补短板、调结构等方式完善社区商业必备业态的配置。

（四）社区商业"十三五"发展主要任务

1. 完善社区商业发展形态布局

根据全区南、中、北三大片区的区域划分及功能定位、人口构成等特点，努力打造"南部高端商务商业和滨江生活休闲组合型、中部商旅文体融合和新兴社区商业组合型、北部科创园区和大居商业配套组合型"的社区商业发展格局。南部地区以北外滩为核心，依托金光中心、星港国际中心、滨江绿色生态观光岸线等重点区块及项目，打造以集聚高端商务商业为重点，为滨水休闲旅游与高端居住生活配套的社区商业。中部地区以商业、旅游、文化、体育、会展、生活服务等协同发展为功能定位，依托"环虹口足球场区域、环四川北路公园—音乐谷区域、环瑞虹新城区域"等重点区域，打造以综合体验消费和现代家庭消费为特色的组合型社区商业。北部地区以服务创新创业和科技创新"产业集群"发展为功能定位，依托凯德龙之梦虹口、上海国际教育服务与创新园区、彩虹湾、搜乐城等项目建设，重点打造科创园区配套与新型大居商业相结合的社区商业。

2. 推动社区商业重点项目建设

（1）北外滩地区商业中心

依托金光中心开业、星港国际中心建成、上实中心开工，力争到"十三五"末，北外滩地区逐步形成以航运、金融高端商务办公人士及周边中高档住宅区居民为主要服务对象，拓展并吸引周边区域消费群体集聚的地区级商业中心，提升北外滩区域整体商业氛围与商务品质。指导金光中心等建成项目，建设以时尚消费体验和生活方式为主的时尚购物中心，集聚一批国际、国内具有较高知名度和品牌影响力的商业企业，着力培育一批特色鲜明、主题突出的商业业态，逐步打造以北外滩为购物、休闲、娱乐、消费目的地的消费新亮点。

（2）瑞虹天地地区商业中心

以瑞虹天地为核心，坚持项目高起点定位、高品质建设，分阶段推进星星堂、月亮湾、太阳宫等重点商业项目建设，围绕时尚展示、美食休闲、文化演艺、体验消费等，逐步形成以家庭及儿童为主题的亲子体验中心、以年轻时尚活力消费为主题的娱乐文化艺术中心、以亚洲特色美食为主题的国际美食市场。到"十三五"末，瑞虹地区商业设施总面积达到55万平方米，重点引入一批中西式正餐及快餐类餐饮业、咖啡馆、书店、健身馆等文化休闲业，及快递、金融网点等社区商业服务类业态，更好地为商务人群的工作生活提供配套。

（3）曲阳、凉城、江湾镇社区商业中心

市区联手，推动曲阳地区上海商务中心功能置换，引导凉城地区中星购物中心项目改造提升，指导江湾镇地区绿地彩虹湾项目建设和业态布局。社区商业中心采用相对集中与适当分散相结合的布局方式，与居住区人口规模、结构、消费层级相对应，鼓励引入智慧微菜场、智慧家政、电商社区直销点、个性化定制服务等"互联网+社区商业"新业态，逐步形成服务精细化、主体集成化、运营平台化的社区商业新模式。到"十三五"末，集商业购物、商务办公、休闲娱乐、生活服务于一体的曲阳社区商业中心，面积达6.5万平方米，辐射曲阳社区及周边5平方千米范围内的20万居民，商业消费能级进一步提升。集大众化餐饮、专业专卖店、教育培训于一体的凉城社区商业中心，商业面积达8万平方米，以中星购物中心、广灵二路商业街为核心，辐射凉城地区及周边社区消费需求。集生活医疗、体育休闲、文化娱乐、养老服务于一体的江湾社区商业中心，面积达7万平方米，依托绿地彩虹湾项目，辐射江湾镇及周边，弥补北部社区商业空白。

（4）社区特色商业街（区）

依托虹口独特的水系景观资源、历史文化底蕴、特色风貌建筑等，建设独具海派风韵、生态休闲、商旅文融合的特色文化休闲主题商业街。依托社区商业中心周边有基础的支马路，布局建设体现都市慢生活、休闲购物、特色餐饮、历史人文等的社区商业街。依托产业园区或商务集聚区周边商业有一定集聚基础的街区，建设为产业园区配套商务餐饮、休闲娱乐、专业服务等主题鲜明的特色街区。

——北外滩滨江休闲文化特色街。西起溧阳路，东至高阳路，全长约800米。以北外滩滨江景观为核心，结合健身步道、绿色林带、特色建筑，历史风貌，鼓励引进咖啡店、酒吧、甜品屋、啤酒屋等业态。依托上海国际航运服务中心、绿地浦创法国中心、星乐汇商业街等，推进地上地下商业景观互动发展，营造环境优雅、文化浓郁的滨江休闲文化特色街。

——水岸都市创意文化休闲街（区）。依托虹口港、俞泾浦、沙泾港三条得天独厚的水系资源，打通黄金水系两岸景观步道，引入餐厅、民宿、书吧、茶吧、咖啡吧、创意礼品店、健身养生馆等旅游休闲业态。建成金融街海伦中心、虹口SOHO 3Q，围绕瑞康里石库门建筑，SNH48星梦剧院、1933老场坊、音乐谷等文化旅游设施，逐步形成体现虹口历史文脉和水系特色的水岸都市创意文化休闲街（区）。

——哈尔滨路都市慢生活主题商业街。西至溧阳路，东至辽宁路，全长约300米。依托半岛湾创意产业园区、1913老洋行、三角地艺术园等文化创意产业园区，引入咖啡馆、餐厅、酒吧、照相馆、生活馆、音乐茶座、手工作坊等业态，通过增加互动性、娱乐性，为观光者和周边居民、入驻园区的创业者提供享受都市慢生活的高品质悠闲生活体验。

——广纪路科技人文创意商业街。南至汶水东路，北至纪念路，全长约700米。依托淞沪铁路旧址，结合周边"1876老站"、上海明珠创意产业园、中国出版蓝桥创意产业园、上海数字电视产业园等产业园区，鼓励引入创意主题商业、商务休闲餐饮、生活配套服务等业态，顺应生活、创业和社交休闲一体化的趋势，吸引更多文化创意人群集聚，形成具有文化内涵、时尚创意、休闲体验的人文主题创意商业街。

——广灵二路社区生活商业街。东起水电路，西至凉城路，全长约700米。依托东段天虹商业广场及西段各地特色美食餐饮店，集生活购物、家庭聚会、文化娱乐于一体，鼓励引入幼儿培训、亲子活动、康体养生等业态，服务驻区部队和周边社区居民，打造以社区购物体验和便利生活服务为主的社区商业，形成集生活购物、餐饮，休闲娱乐为一体的社区生活商业街。

——百福里金融创客特色街（区）。南至东大名路、北至东长治路、东至旅顺路、西至溧阳路。结合北外滩地区航运、金融产业发展定位，通过修缮区域内百联大厦等部分保留建筑，修旧如旧，提升商业面貌及街区环境，注重保留虹口海派文化特色。通过盘活国有资产，引入社会资源，打造集金融办公、文化创意、娱乐休闲于一体的金融创客街（区）。

——欧阳路—祥德路国际教育创新和文化生活特色街区。南起四达路，北至大连路。依托上海国际教育服务与创新园区建设，发挥朱屺瞻艺术馆、法兰桥创意产业园、区青少年活动中心等的作用，拓展商业载体，推动教育与商业、文化与商业、艺术与商业、生活与商业的融合发展。引导沿街商业转型升级，提升功能品位，增加文化内涵，完善业态品类，形成服务考试园区、方便周边居民的教育文化生活特色街。具体见表6-4。

表6-4　虹口区地区级及社区商业布局体系表

1个市级商业街（区）	1	四川北路市级商业街（区）（改造调整、转型升级）
2个地区级商业中心	1	北外滩地区商业中心（约50万平方米，新建）
	2	瑞虹天地地区商业中心（约35万平方米，新建）

表6-4（续）

	1	曲阳社区商业中心（约6.5万平方米，调整优化）
3个社区级商业中心	2	凉城社区商业中心（约8万平方米，调整优化）
	3	江湾镇社区商业中心（约7万平方米，新建）
	1	北外滩滨江休闲文化特色街（约800米）
	2	水岸都市创意文化休闲街（区）
	3	哈尔滨路都市慢生活主题商业街（约300米）
7大社区特色商业街（区）	4	广灵二路社区生活商业街（约700米）
	5	广纪路科技人文创意商业街（约700米）
	6	百福里金融创客特色街（区）
	7	欧阳路—祥德路国际教育创新和文化生活特色街（区）

3. 优化提升社区商业必备业态

社区商业中必备业态的发展与布局直接关系到社区居民民生保障，"十三五"期间，着力优化与民生密切相关的重点必备业态布局，着力提升社区商业便民、利民、惠民水平，着力构建"15~30分钟"社区生活服务圈，努力形成步行5分钟可到便利店、15分钟可到菜市场、30分钟可到社区商业中心的便民商业格局。

（1）菜市场布局

根据《商务部标准化菜市场设置与管理规范》和《上海市标准化菜市场管理办法》，推进硬件设施标准化、服务标准化和内部管理标准化。"十三五"期间，虹口区菜市场建设将重点考虑旧区改造、大居建设时预留菜市场网点位置，结合社区商业的建设布局，服务半径为600~1 000米，每千人按120平方米建筑面积配置。

计划新建海拉尔路、瑞虹新城、运光路和彩虹湾地区4个标准化菜市场或生鲜超市。鼓励在新建成的中高端住宅小区周边发展精品生鲜超市。逐步调整一批不符合城区发展和居民消费需求的菜市场，提升菜市场经营环境与品质，丰富菜品种类，满足消费者多元化的消费需求。

（2）超市布局

除新建大型商业项目配套外，现有区域内大型综合超市实行总量控制，原则上不再零星配置，对于个别经营效益不佳，整体环境落后，人气不足的综合超市，引导企业加快调整、转型升级。鼓励农超对接、产地直销，引导商业企业与农产品生产基地合作，实现直销直供，降低流通成本，平抑菜价，让利于民。菜店、生鲜无店铺销售等选择型社区商业业态，以市场需求为导向，自主配置。鼓励有条件的标准化菜市场改造升级为生鲜超市，形成主副食品商业体系的有益补充。

（3）便利店布局

以充分满足顾客随时随地便利购物的需求为导向，鼓励为不同人群服务的细分业态多样化发展。引导居家生活用品一站式送货上门服务、综合费用代理收缴服务、综合票务及家政服务等增值服务深入社区便利店；同时，鼓励电商与快递企业与便利店开展合作，推出便利店代收代寄快件业务，更好地解决快递配送的"最后一公里"问题，推进社区电商O2O的发展。

4. 丰富社区商业生活服务功能

社区商业的生活服务功能直接影响到社区商业的整体能级，通过提供多层次、全方位的服务，从适应消费升级趋势出发，以社区商业供给侧结构性改革为抓手，引入生活服务类、文化娱乐类、零售餐饮类等业态，提升社区居民生活品质，改善人居环境，使居民更安心、更省心、更舒心。

（1）生活服务类

引进规范化、连锁化、品牌化生活性服务网点，如银行、邮局、电信、理发店、洗衣店、大众沐浴、维修店、家政和中介服务等。着力推进基于服务精细化的定制模式、基于主体集成化的O2O模式以及基于运营平台化的云网端一体化服务模式。

（2）文化娱乐类

引进丰富社区居民文化内涵和业余生活的文化娱乐业态。鼓励开辟以亲子互动为主题的家庭式体验消费场所；鼓励成立以提高自身修养与提升能力素质为主题的教育培训机构；鼓励开设以培养生活技能与拓展社交网络为主题的创意生活空间；鼓励建设以健身、美体为主题的体育运动场馆。

（3）餐饮零售类

引进品牌化、智能化、大众化、便民化的餐饮零售类业态。鼓励老字号、本土品牌进社区，满足中老年消费者的需求；鼓励电视购物、邮购、网上商店、自动售货亭、电话购物等多业态发展；鼓励多样化餐饮发展，提供大众化居民正餐、便捷型白领午餐、改善型家庭聚餐、休闲型社交餐饮。

（五）保障措施

社区商业需要条块联手、市区联动、协同推进，要实现社区商业"十三五"目标，必须进一步改革创新，在坚持市场配置资源决定性作用的基础上，更好地发挥政府在公共服务领域补短板、调结构的功能，动员和引导全社会力量共同推进规划的实施。

1. 加强部门联动，健全协同管理机制

结合政府职能转变，逐步从"办"商业转向"管"商业。行业主管部门与其他条线部门、各街道、国有商业企业加强沟通协作，强化联合管理，发挥部门协同效应。建立全生命周期管理机制，针对大型社区商业项目，形成从立项、规划、建设、招商、运营、转让等环节的部门沟通协调和全过程监督评估机制。

2. 引入多元主体，优化建设运营机制

发挥国有商业企业在社区商业结构调整中的杠杆作用，将相关资源纳入国资平台，对必备性业态建设进行有效统筹，对社区商业街区改造提升进行资源整合。引入多元开发主体，鼓励引进知名商业开发企业，统一开发、统一管理，提高社区商业项目的整体盈利。探索创新运营模式，支持大型零售商、专业商业地产开发商以及商业物业公司

采取多种方式合作，推动发展社区商业自营、整体租赁、合作、委托管理等运营模式。

3. 加强分类指导，完善社区商业配套

明确新建社区商业配套比例，把社区商业便民服务设施纳入新出让地块"招拍挂"前置条件和规划设计条件，控制总量结构，鼓励集中或相对集中配置社区商业服务设施，严格限制产权分割销售。优化完善建成社区商业配套，通过回购、回租各类载体资源，用于社区商业便民服务设施配置。探索通过政府购买服务，鼓励社会化网点承担社区商业便民服务。

4. 完善政策配套，加大政府支持力度

研究制订虹口区社区商业发展业态指导目录，通过鼓励、允许和限制，进行分级、分类指导。对社区商业重点建设项目、商业街（区）调整改造项目给予资金扶持；商业企业发展新业态、新模式，引进新品牌，给予政策支持。

5. 完善基础配套，优化综合发展环境

完善交通配套，加强社区商业设施与轨道站点、公交站点和其他项目之间的连接，进一步完善停车配套，鼓励居住停车与商业停车资源互补、错时停放。结合商务诚信体系建设，依托市级市场主体信用信息公示平台，健全商业企业信用管理，培育"放心店""文明窗口"等"诚信兴商"典型，营造让群众放心消费的环境。发挥行业协会的作用，加强行业自律管理。

二、广州市天河区现代商贸业"十四五"发展规划①
——社区建设规划

广州市天河区在现代商贸业"十四五"发展规划中提出社区商业发展不足，商业业态较为单一，体验性消费业态偏少。针对社区商业的发展现状，提出要打造一刻钟便民生活圈即服务半径在步行 15 分钟左右范围内，以社区居民为服务对象，以满足居民日常生活基本消费和品质消费等为目标，以多业态集聚形成的社区商圈。

构建社区商业为商业网点三级布局体系的关键层级。天河区商业布局不断优化，均衡发展成效明显。推进"都会级—区域级—社区级"分层分类商业布局。主动融入广州国际消费中心城市建设，促进商业环境与城市功能相协调，与居民消费需求相匹配，与重大平台发展相协同，形成定位精准、分工合理、特色鲜明、适度均衡的"都会级—区域级—社区级"分层分类商业布局。

扩大社区级商业覆盖，打造"一刻钟便民生活圈"。以社区为基本单元加强民生保障，顺应居民消费升级趋势，规划打造多层级、多类型、网络化的便民服务设施体系；结合老旧小区改造工程，改造或建设社区综合服务设施，及养老、托育、助餐、家政保洁、便民市场、便利店、邮政快递末端综合服务站等社区专项服务设施；支持具备

---

① 广州市天河区人民政府办公室关于印发广州市天河区现代商贸业"十四五"发展规划的通知。

商业价值的老旧房屋用途变更，同步更新业态，引入社区便利店、快递等便民服务企业；发展品牌连锁便利店，增强"一店多能"服务功能。加强城中村租户及弱势群体生活保障，结合"一刻钟便民生活圈"建设试点，以实用、便民为原则，植入更多便利店、日杂百货、生鲜店、小吃店、美容美发店等基本保障类业态。加强出入境服务站、外籍人士物业服务窗口等国际化社区设施配套。

加快社区智能设施建设，引导建设社区级前置仓、配送仓、自提柜、末端智能配送设施等社区末端商业仓储设施，提升"最后一公里"民生产品供应效率和覆盖率。鼓励电商化发展，支持正佳广场、太古汇等大型综合体打造内购群、会员群、粉丝群、电商小程序、手机 App 等平台，强化用户管理和服务；支持社区体验式电商、社区无人零售、无接触配送、无接触消费等新业态发展；鼓励直播平台与重点载体、特色商业街加强合作，共同设立区域共享直播间，在宣传、推广、发布等方面提供线上支持，引导企业开展直播电商业务。

不断完善社区功能，推进家政进社区，构建 24 小时全生活链服务体系，支持发展家庭管家等高端家政服务；鼓励家政服务与养老、育幼、物业、快递等融合发展；加强家政服务数字化升级转型，大力推动 O2O 到家服务发展。

本章小结

1. 社区是居住在一定地域内的人们所组成的多种社会关系的生活共同体。

2. 社区商业指以特定居住区的居民为主要服务对象，以便民、利民和满足居民生活消费为目标，提供日常生活需要的商品和服务的属地型商业。

3. 社区商业的特征与功能表现在：产业配套性、日常便利性、服务亲和性、赢利稳定性和表现多样性。

4. 社区商业的发展趋势有：打破传统的时间限制，深挖家庭为单位的客群价值，更加注重商业服务性质与生活功能，数字经济赋能社区商业，"智能化"，进入精细化运营时代，"小而美小而精"的社区商业更受青睐，主题化定位，形成差异化竞争优势。

5. 社区商业建设要点包括社区商业建设要求、社区商业的分类及配置、社区商业建设的基本原则和社区商业业态配置原则。

复习思考题

1. 社区商业的定义是什么？
2. 社区商业的特征与功能是什么？
3. 社区商业建设要点包括哪些？
4. 社区商业建设的基本原则有哪些？

拓展1：

商务部办公厅等 11 部门关于印发
《城市一刻钟便民生活圈建设指南》的通知

拓展2：

关于发布团体标准《社区商业配置
成熟度评价指引》的公告

拓展3：

《社区商业配置成熟度评价指引》

拓展4：

《农贸市场升级改造建设与管理规范》

第七章

购物中心规划

■ **本章概要**

本章首先介绍了购物中心的概念、购物中心的分类以及购物中心的特点，然后介绍了购物中心的经营业态和购物中心业态组合，最后介绍了购物中心规划的两个案例。

■ **本章重点**

1. 购物中心的概念
2. 购物中心的分类
3. 购物中心的特点
4. 购物中的经营业态

第一节　购物中心概述

一、购物中心的概念

购物中心的概念一直没有一个统一的定义，各国给购物中心的定义几乎都不一样，在我国购物中心的定义经历了一个边界比较模糊到相对清晰的过程。曾经的生活方式中心（lifestyle centers）、商业中心（marts）、百万摩尔（mega-malls）、综合体（mix-use）、奥特莱斯（outlets）、园景商业（parkways）、超级中心（supercenters）、都市零售（urban retail）、垂直商业（vertical centers）以及传统购物中心（shopping center）等各类商业形态，均被笼统地归入"购物中心"的范畴①。在 1960 年，美国国际购物中心协会（ICSC）认为，设计、设立、经营管理都在统一的组织体系下运作，物业产权统一不可分割，并具有一定数量的停车场的购物场所称为购物中心。1985 年美国的《零售辞典》对购物中心的定义是：购物中心是一个由零售商店及相应设施组成的商店群体。作为一个整体进行开发和管理，通常包括一个或多个大型的核心商店，并有众多小商店环绕其中，有庞大的停车设施，其位置靠近马路，顾客购物来去便利。后来，美国国际购物中心协会（ICSC）的研究机构 NRB 将购物中心定义为：购物中心（shopping center）是指一组位置在一起、建筑上统一的商业设施，包括场地、商店的类型和其服务单元的交易区域都作为一个营运单位来策划、开发、使用和管理。其附近提供同商店种类和大小相符合的停车泊位。日本购物中心协会 1974 年从 9 个方面对购物中心进行界定，后来，其认为购物中心是作为一个单位有计划地开发、拥有管理运营的商业和各种服务设施的集合体，并备有停车场，其选址、规模、结构具有选择多样化、方便性和娱乐性等特征，并作为适应消费需要的社交场所，发挥着一部分城市功能。

2005 年，ICSC 发布了一项研究，提出了《泛欧购物中心标准》。这个标准提炼了欧洲十四个国家（比利时、捷克、法国、德国、意大利、荷兰、丹麦、挪威、瑞典、芬兰、葡萄牙、西班牙、希腊和英国）购物中心的基本元素，提出新的定义与分类。这个标准对全球购物中心定义与分类框架的研究和制定有启示作用。《泛欧购物中心标准》的定义是：购物中心是作为单一实体来计划、建造和管理的，可租赁面积（包括经营单元和公共空间）不小于 5 000 平方米的零售物业。这里有一个体量的量化指标。

我国国家质量技术监督局于 2000 年 5 月 19 日发布的国家标准《零售业态分类》中，对购物中心的定义为："企业有计划地开发、拥有、管理运营的各类零售业态、服务设施的集合体。"其业态结构特点为："由发起者有计划地开设，实行商业型公司管理，中心内设商店管理委员会，开展广告宣传等共同活动，实行统一管理。内部结构以百货店或超级市场作为核心店，配以各类专业店、专卖店等零售业态和餐饮、娱乐设施构成。服务功能齐全，集零售、餐饮、娱乐为一体。根据销售面积，设相应规模的停车场。选址为中心商业区或城乡接合部的交通要道。商圈根据不同经营规模、经营商品而定。设施豪华、店堂典雅、宽敞明亮，实行卖场租赁制。目标顾客，以流动顾客为主。"

《零售业态分类（GB/T18106-2004）》把购物中心分为了社区型购物中心、市区购物中心、城郊购物中心，然后分别进行界定。《零售业态分类（GB/T18106-2021）》对购物中心的定义为："由不同类型的零售、餐饮、休闲娱乐及提供其他服务的商铺按照统一规划，在一个相对固定的建筑空间区域内，统一运营的商业集合体。"最新版的国标零售业态分类标准对购物中心进行明确的界定，而且进行了细分。相比 2000 年和 2004 年版本，明确而清晰。

---

① 俞稚玉. 修订中国购物中心的定义与分类的建议［J］. 上海商业，2007（7）：30-35.

二、购物中心的分类

各国对购物中心的定义没有一个权威的统一提法，所以各国对购物中心的分类也是不同的。以美国为代表的西方国家，对购物中心的分类也经历了多次变化。第一阶段将购物中心分为三种基本类型，分别是社区中心（community centers）、邻里中心（neighborhood centers）和条状中心（strip centers），这个阶段购物中心除了统一的管理之外，更强调一站式满足消费者的需求。第二阶段就是摩尔（Mall）时代，购物中心从都市区向郊区转移，摩尔相比第一阶段的购物中心规模增大，表现在建筑空间方面使用连廊把租户连接起来，可以容纳更多的商户。第三阶段是差异化发展阶段，在第一阶段购物中心和第二阶段摩尔的基础上进一步细分，除了根据规模还根据主题的不同，在原来4种类型的基础上划分出8种类型，而且还有多个版本，比如美国购物中心协会还曾经把购物中心分为传统型和特色型，特色型包括零售公园、工厂直销中心和主题中心。

我国购物中心的分类相对比较清晰，主要依据就是国家质量技术监督局分别于2000年、2004年和2021年发布的《零售业态分类》国家标准中对购物中心的划分。2000年的国家标准把购物中心分为了四类，分别是近邻型、社区型、区域型、超区域型四种"。这种分类类似于美国早期的分类。2004年国家质量监督检验检疫总局和国家标准化管理委员会联合颁布新国家标准《零售业态分类》，该标准为推荐性标准，于2004年10月1日开始实施，将购物中心根据选址、规模和商圈与目标顾客划分为社区型购物中心、市区购物中心、城郊购物中心，将其基本特点从商品（经营）结构、商品售卖方式、服务功能和管理信息系统方面进行阐述。2021年国家标准把购物中心分为了四类，分别是都市型购物中心、区域型购物中心、社区型购物中心以及奥特莱斯型购物中心，而且每种购物中心都有明确的定义。都市型购物中心满足顾客中高端和时尚购物需求，配套餐饮、休闲娱乐、商务社交等多元化服务，位于城市的核心商圈或中心商务区，辐射半径可以覆盖甚至超出所在城市。区域型购物中心满足不同收入水平顾客的一站式消费需求，购物、餐饮、休闲和服务功能齐备，所提供的产品和服务种类丰富，位于城市新区或城乡接合部的商业中心或社区聚集区，紧邻交通主干道或城市交通节点，辐射半径约在5千米。社区型购物中心以满足周边居民日常生活所需为主，配备必要的餐饮和休闲娱乐设施，位于居民聚居区的中心或周边，交通便利。奥特莱斯型购物中心以品牌生产商或经销商开设的零售商店为主体，以销售打折商品为特色，在交通便利或远离市中心的交通主干道旁，或开设在旅游景区附近。

三、购物中心的特点

因为购物中心定义的不统一，所以购物中心的特点也呈现出多样化。美国国际购物中心协会（ICSC）1960年对购物中心的特征表述如下：①购物中心的规划设计、设立、经营管理都应在统一的组织体系下运作；②适应管理的需要，物业产权要求统一归属，不可分割；③尊重顾客的选择权，使其能够实现一次性满足的需要；④拥有足够数量的停车场地；⑤有更新地区或创造新商圈的贡献。

我国对购物中心的特点归纳主要依据《零售业态分类》中根据对购物中心定义围绕选址、商圈和目标顾客、规模、商品结构、售卖方式、服务功能以及管理信息系统等方面进行表述。详细的表述内容见表7-1和表7-2：

表7-1 零售业态分类和基本特点（购物中心部分）2004版

业态			基本特点			
选址	商圈与目标顾客	规模	商品（经营）结构	商品售卖方式	服务功能	管理信息系统
社区购物中心	市、区级商业中心	商圈半径为5~10千米	建筑面积为5万平方米以内	20~40个租赁店，包括大型综合超市、专业店、专卖店、饮食店及其他店	各个租赁店独立开展经营活动	停车位300~500个	各个租赁店使用各自的信息系统
市区购物中心	市级商业中心	商圈半径为10~20千米	建筑面积10万平方米以内	40~100个租赁店，包括百货店、大型综合超市、各种专业店、专卖店、饮食店、杂品店以及娱乐服务设施等	各个租赁店独立开展经营活动	停车位500个以上	各个租赁店使用各自的信息系统各自租赁
城郊购物中心	城乡接合部的交通要道	商圈半径为30~50千米	建筑面积10万平方米以上	200个租赁店以上，包括百货店、大型综合超市、各种专业店、专卖店、饮食店、杂品店及娱乐服务设施等	独立开展经营活动	停车位1000个以上	各个租赁店使用各自的信息系统

表7-2 2021版各类购物中心基本特点

购物中心类型	基本特点				
	选址	商围与目标同客	规模	商品（经营）结构	服务功能
都市型购物中心	城市的核心商圈或中心商务区，街区型或封闭型建筑结构	商圆可覆盖甚至超出所在城市，满足顾客购物、餐饮、商务、社交、休闲娱乐等多种需求	不包含停车场的建筑面积通常在50 000平方米以上	购物、餐饮、休闲和服务功能齐备，时尚、休阳、商务、社交特色较为突出	提供停车位、导咨询、个性化休息区、手机充电、免费无线上网、ATM取款等多种便利措施
区城型购物中心	位于城市新区或城乡接合部的商业中心或社区聚集区，紧邻交通主干道或城市交通节点，以封闭的独立建筑体为主	辐射半径约在5千米，满足不同收入水平顾客的一站式消费需求	不包含停车场的建筑面积通常在50 000平方米以上	购物、餐饮、休闲和服务功能齐备，所提供的产品和服务种类丰富	提供停车位，通常还提供导购咨询服务、个性化休息区、手机充电、免费无线上网、免贵针线包、ATM取款等便利措施

表7-2（续）

购物中心类型	基本特点				
	选址	商围与目标同客	规模	商品（经营）结构	服务功能
社区型购物中心	位于居民聚居区的中心或周边，交通便利。以封闭的独立建筑体为主	辐射半径在3千米以内，满足周边居民日常生活所需	不包含停车场的建筑面积通常为10 000~50 000 平方米	以家庭生活、休闲娱乐为主配备必要的餐饮和休闲娱乐设施，服务功能齐全	提供停车位，通常还提供息区、手机充电、会员无线上网、免身针设包、ATM取款等服务措施
奥特莱斯型购物中心	在交通便利或远离市中心的交通主干道旁，或开设在旅游景点附近。建筑形态为街区型成封闭型	辐射所在城市或周边城市群，目标顾客为品牌拥护者	不包含停车场的建筑面积通常在50 000平方米以上	以品牌生产商或经销商开设的零售店为主体，以销售打折商品为特色	提供停车位

从不同类型的购物中心的特点可以看出，不管是中外还是现代和传统购物中心，其特征主要表现在这几个方面，分别是：统一、协调的开发过程；同时代相符的先进的观念和技术；广泛的商品组合和多样化功能；灵活的营销策略[①]。

第二节　购物中心规划要点

购物中心是不同类型的零售、餐饮、休闲娱乐及提供其他服务的商铺按照统一规划，在一个相对固定的建筑空间或区域内统一运营的综合体。购物中心在我国从一、二线到三、四、五线市场持续下沉深入发展，是各等级市场最大的线下商业服务综合型平台；是集合了零售、餐饮、服务、体验、场景、文化、娱乐等多种业态和服务于一体的综合商业消费目的地；是实体商业大中小商户共同生存发展的生态圈。

一、购物中心经营业态

购物中心是多种业态的集合体。中国连锁经营协会在《零售业态分类（GB/T18106-2021）》中，在对购物中心分类的基础上，把购物中心细分为了都市型购物中心、区域型购物中心、社区型购物中心、便民型购物中心、奥特莱斯型购物中心、主题型购物中心和文旅型购物中心七种类型。每一种类型的购物中心都有相应的零售业态、餐饮业态、娱乐体验业态和生活服务业态组合比例、业态组合特点以及主力店配置。

购物中心主要经营业态分为：零售业态、餐饮业态、娱乐体验业态和生活服务业态四大类，各业态细分内容见表7-3至表7-6。

① 徐磊. 基于城乡协调发展的城郊购物中心发展研究 [D]. 哈尔滨：东北林业大学，2009.

表 7-3　零售业态细分表

一级业态	二级业态	业态细分
零售	超市	生鲜超市、综合超市、精品超市、便利店等
	百货	传统百货、精品百货、折扣百货等
零售	服装	快时尚、男装、女装、设计师品牌服饰、内衣家居服、运动户外等
	珠宝首饰	黄金、珠宝、腕表、玉饰等
	鞋包配件	鞋履、箱包配件、时尚配饰、眼镜、帽子、其他配件
	母婴/儿童	儿童用品、儿童玩具、儿童服装服饰、母婴用品、孕妇用品、孕妇服饰等
	个人护理	美妆彩妆、护肤药妆、保养保健、化妆品集合店等
	家居生活	家装用品、家居家具、电器、花卉园艺等
	食品烟酒	食品零售集合店、进口食品、糖果、滋补保健、烟酒、咖啡茶叶、地方特产等
	科技数码	手机、电脑、游戏机、相机、无人机、数码集合店等
	车	新能源车、汽车等
	配套零售	书店、文创、艺术精品、潮玩、日用杂货、宠物食品用具、户外用品、器械器材等

表 7-4　餐饮业态细分

一级业态	二级业态	业态细分
餐饮	中式正餐	各大菜系、中式融合菜等
	中式简餐	中式小吃（面馆、包子、饺子、生煎、粉面类、粥等）、中式快餐等
	外国正餐	东南亚菜、日韩料理、法餐、意餐、融合菜等
	外国快餐	汉堡、披萨、轻食沙拉、回转寿司等
	干锅火锅	涮肉、火锅、焖锅、干锅、烤鱼等
	特色餐饮	烧烤/烤肉、海鲜、自助餐、主题餐厅、休闲小食、亲子餐厅、铁板烧、素食、清真餐食等
	水吧	咖啡、蔬果汁、奶茶、茶饮、酸奶、豆浆等
	烘焙甜点	面包、蛋糕、冰淇淋、巧克力、贝果等
	酒吧	小酒馆、演艺酒吧、餐酒吧、轻酒吧等

表 7-5　娱乐体验业态细分

一级业态	二级业态	业态细分
娱乐体验	影剧院	电影院、戏剧场、私人影院等
	运动健身	健身、游泳、瑜伽、拉伸放松、跆拳道、太极等
	竞技体育	溜冰、飞盘、腰旗橄榄球、滑雪、滑板、陆冲、击剑、保龄球、壁球、室内风洞、攀岩、卡丁车等
	儿童文娱	亲子共读馆、儿童乐园、亲子乐园、模拟飞行等
	文化艺术	策展、美术书法、舞蹈、插花、茶道等
	影音现场	KTV、Club、脱口秀、Livehouse、直播间等
	创新体验	剧本杀、密室逃脱、桌游、轰趴馆、VR 体验、电玩游乐场、冥想馆等

表 7-6　生活服务业态细分

一级业态	二级业态	业态细分
生活服务	教育培训	成人教育、儿童教育
	美容保健	美容、美发、生发养发、SPA 中心、美甲美睫、纹绣、儿童理发、产后护理、足疗保健、养生按摩、洗浴护理等
	健康医疗	健康诊所、口腔医院、体检中心、医美机构、药店等
	公共服务	邮局、电信、银行、律师事务所、旅行社、中介、彩票、婚庆服务、公共事业服务等
	配套服务	家政服务、服饰剪裁、洗衣店、皮具保养、钟表维修、摄影冲印、电器维修、车辆服务等
	宠物服务	宠物医院、宠物美容、宠物训练、宠物寄养等
	共享空间	办公室、会议室、自习室、仓储空间等

　　主力店（anchor store）特指购物中心中承租面积较大（如超过 3 000 平方米），且对客流带动、品牌引领、收入贡献及经营稳定起核心引领作用的大型品牌租户。次主力店（sub-anchor store）相对主力店而言，特指购物中心中承租面积偏大（如超过 1 000 平方米），且对客流带动、品牌引领、收入贡献一个或几个方面起到主要影响作用的品牌租户。

二、购物中心业态组合

　　每一种类型的购物中心都有零售业态、餐饮业态、娱乐体验业态和生活服务业态的组合比例、组合特点，以及主力店配置，不同业态组合比例构成是购物中心打造不同主题，突出购物中心特色、特点和提升竞争力的关键。购物中心业态组合见表 7-7。

表 7-7　购物中心业态组合

购物中心主要类型	业态组合比例				业态组合特点	主力店配置
	零售	餐饮	娱乐体验	生活服务		
都市型购物中心	45%~60%	20%~35%	10%~25%	5%~10%	以中端、高端和时尚为定位，个人消费、休闲消费为主	以高端国际零售旗舰店为主力店，以高端特色餐饮为次主力店，主力店面积在20%以内
区域型购物中心	35%~50%	25%~45%	5%~15%	5%~15%	以中端、大众消费为定位，满足不同收入水平消费者"一站式"消费需求	以快时尚、集合店、超市为主力店；主力店和次主力店面积占20%~60%；结合主力店餐饮、娱乐体验和生活服务等
社区型购物中心	20%~30%	30%~40%	20%~30%	10%~20%	根据消费群体定位，以社区周边日常消费为主，强调体验、服务功能的完备性	一般以超市为主力店，餐饮、娱乐体验和服务（儿童相关业态品类）为次主力面积占30%~50%
便民型购物中心	5%~15%	30%~40%	5%~15%	30%~40%	满足居民区内消费者日常生活必需品、家庭生活服务等基本消费需求	一般以超市为主力店，餐饮、娱乐体验和生活服务（儿童相关业态品类）为次主力店，面积占35%~60%
奥特莱斯型购物中心	70%~80%	低于20%	低于5%	低于5%	以零售业态为主，配备必要的餐饮、娱乐和服务业态	以高端国际零售、集合店和品牌折扣为主要主力店配置
主题型购物中心	30%~40%	25%~35%	30%~40%	低于5%	以城市客群及游客为主，通过较强的主题场景，聚焦某类主题业态，一般突出具有目的性的文化、娱乐体验	一般设置主题型零售主力店，主题型餐饮、休闲娱乐次主力店，主力店和次主力店面积占40%~60%
文旅型购物中心	低于20%	20%~30%	60%~80%	低于10%	以游客为主，突出娱乐体验业态占比，配备一定占比的零售业态，尤其反映当地特色的零售和必要的餐饮业态	一般以娱乐体验和特色零售店为主力店

第三节　购物中心规划案例

购物中心是经济社会发展中的"稳压器"。当前及未来，购物中心不仅是消费者日常的消费场所，还是反映城市"美好生活"的窗口，更是引领地区和区域消费升级的重要空间。购物中心不仅是满足消费、稳定市场、助推经济发展的"稳压器"，也是为社会提供就业岗位、营造良好营商环境，加速城市更新等方面的"助推器"；不仅是各种业态、各种品类商业企业的经营场所，也是促进本土消费业态和品牌从小到大、从大到强的"孵化器"。

一、上海静安嘉里中心：塑造城市生活方式[①]

（一）静安嘉里中心概况[②]

上海静安嘉里中心（JAKC）地处商业氛围浓厚的南京西路商圈，集合 200 多家国内外高品质品牌，每年吸引客流超 2 200 万人次，带来持续涌动的消费活力。静安嘉里中心（JAKC）始终关注品牌为消费者带来的人文精神价值，并从国内外发掘引进各个品类的前沿和专业品牌，打造细分领域的领先度、专业度和潜力度，持续向消费者提供新鲜有趣的品牌和体验。经营十余载，静安嘉里中心（JAKC）不断创新，持续为消费者呈现高能级的首店新店和独具特性的市场活动，满足不同客群的多元消费需求。静安嘉里中心（JAKC）于 2023 年 10 月，完成了其以"拾刻于心"为主题的 10 周年庆典，并将商业空间正式命名为"JAKC"，从"Centre"出发升级"4C"（Centre、Core、Customer、Connection）零售概念。历经 2013—2023 年的发展，JAKC 不但是上海的时尚地标，也成为全国商业人瞩目的标杆项目。地理位置与交通、综合体联动效应、精致崭新的环境、高含金量首店聚集等特色已为消费者和业内同行熟知。

（二）多元的商业场域，成为多元消费者的领地

商业不仅是人与货、货与场的交易，而且是人们所热爱的、向往的生活方式以另一种"场域表达"，进而与品牌、与客群之间产生交互体验进而转化成为日常的生活和消费。

JAKC 位于静安寺地铁上盖，地铁 2 号、7 号线出口直通商场 B1 层，交通方便，人流量大。商场里面布局了香氛、骑行、餐饮、运动等持续吸引顾客到线下体验的业态，成为市民来静安寺逛街、上班和 City Walk 的聚集地、体验地。

（三）JAKC 商场成为城市生活方式的发起者

JAKC 引入了 lululemon、Aesop 以及多个运动品牌进驻，通过主力店铺的装修风格打造多种"松弛""休闲"的消费场景。JAKC 成为了静安区的一种"生活方式"。

（四）多元化的线下互动活动

十年间，JAKC 除了为消费者带来丰富的业态城市中心品质体验场，还多次联动政府、社区、艺术机构、文化 IP、品牌等展开具有影响力的文化与商业活动，深入消费者的各类垂直化喜好。如自 2019 年开始，JAKC 便成为每年上海书展的静安区分会场，并与艺术平台 HOUSE OF INSPIRATION 联合呈现 ISMS 主题艺术展"艺术是普世的译者"、与 GUCCI 合作"想象上海"限时艺术展、与《卷宗 Wallpaper》携手打造"Jing'An 设计周"。

此外，JAKC 创办的超人气市集 IP"安义夜巷"，不仅树立了上海乃至全国市集的

---

① 看静安嘉里中心十年，一个商场塑造城市生活方式的案例，36 氪，2023-10-25.
② 无"生活方式"不商业，静安嘉里中心 JAKC 的独特竞争力如何形成的? 热点_品牌_项目_场景（sohu.com），时尚种草机，2023-10-23.

新标杆，还与上海静安世界咖啡文化节、上海环球美食节等优质大型活动共同联办，成为文化创意、跨界商贸等多种业态错位发展的都市文化特色街区，并于 2023 年被评为上海市级旅游休闲街区。这些活动不仅为 JAKC 带来了可观的客流量，还能拓展购物中心的多维消费场景、联结品牌—消费者—商场间的共生关系、增强商圈的消费能级、再造市民生活"烟火气"，带动城市商业向纵深发展。

二、购物中心+X：购物中心"破圈"①

购物中心以满足消费者需求为基本点，更以引领潮流和制造消费场景为发力点，打破商业边界，通过创新营销撬动购物中心的招商、服务、运营全面创新，占领消费者心智。

"商业+先锋试验场"：Show、在地文化既是营销活动更是经营的内容。比如龙湖重庆北城天街携手多个国内知名买手店，汇集国内外先锋设计师品牌，打造西南首秀秀场，众多品牌助阵开秀，秀场即卖场。

"商业+人文艺术"：购物中心构建美术馆等艺术性极强的新业态作为新产品线的主要空间，通过艺术拉近与消费者的距离，满足他们精神层面的需求。购物中心的艺术空间融艺术展览、文创售卖、艺术活动、主题餐饮于一体。如深圳前海"印里 INLI" VOL.2 以"公园建社中 COMMUNITY PARK"为题，将建设中的印里街区以艺术快闪的形式呈现在公众面前；深圳后海汇引入 3 000 平方米 AUNN MUSEUM 上海开美美术馆；武汉 K11 打造 1 400 平方米的 chi K11 art space，定期举办各类艺术展览、讲座、公共教育及工作坊等文化创意活动。

"商业+户外"：释放空间束缚，制造氛围感、松弛感。微度假式商业空间拥有着趣味属性、文化属性和生态属性；同时，丰富的休闲体验业态的空间场景、复合多元的消费场景，有利于吸引消费者前来，提升购物中心业绩。从露营人群来看，露营不仅是年轻人的诗与远方，也是家庭客群遛娃的首选。《2022 露营品质研究报告》显示，"90后""00 后"的年轻客群与"80 后"亲子客群是露营圈的主力，两者共占比 87%。

"购物中心+露营"：①以"露营"为主题理念打造商场 IP、策划主题活动、升级场景体验。活动边界也已延伸至主题市集、文艺策展、音乐节、露天营业等各种细分领域，让都市生活和户外旅游充分链接。如上海青浦百联奥特莱斯广场利用自然环境优势，制造松弛感，构建复合购物场景，成立了新概念俱乐部 PACK INN CLUB，充分发挥广场区位优势，通过打造亲近自然、享受自由的露营体验，拓宽全渠道购物通路，开展"微度假"系列营销活动，整合运营和服务体系。精致露营带来全新需求，"露营外卖"相关商品的销售增速明显。数据显示，在精致露营的场景下，除了躺椅、帐篷等基础露营装备之外，露营灯、卡式炉、蛋卷桌、旅行茶具等产品销量增速明显，其

① 中国购物中心年度报告（2023 年），中国连锁经营协会，中商数据。

中，露营装备销售增长 97%，露营家电销售增长 152%，露营厨具销售增长 214%。②打造吸睛营销亮点，创造氛围感，提升目标客群粘度。如印力汇德隆杭州奥体印象城于 2022 年 5～6 月以"天空下不落幕的沙滩派对"为活动主线，在屋顶特色空间打造泰式度假风情互动场景体验，通过一系列活动进一步深化屋顶的网红打卡属性，在微博及小红书发起的互动话题浏览量达 1 861 万，讨论次数近 2 万；5 月 14 日活动启幕后一个月，客流环比提升 126.17%。

本章小结

1. 购物中心是企业有计划地开发、拥有、管理运营的各类零售业态、服务设施的集合体。

2. 购物中心分为都市型购物中心、区域型购物中心、社区型购物中心以及奥特莱斯型购物中心

3. 购物中心一般都有的特点：统一、协调的开发过程；同时代相符的先进的观念和技术；广泛的商品组合和多样化功能；灵活的营销策略

4. 购物中心是多种业态的集合体。购物中心主要经营业态分为：零售业态、餐饮业态、娱乐体验业态和生活服务业态四大类。

5. 购物中心业态组合，每一种类型的购物中心都有零售业态、餐饮业态、娱乐体验业态和生活服务业态的组合比例、组合特点，以及主力店配置，不同业态组合比例构成是购物中心打造不同主题，突出购物中心特色、特点和提升竞争力的关键。

复习思考题

1. 什么是购物中心？
2. 购物中心如何分类？
3. 购物中心的特点是什么
4. 购物中心的经营业态有哪些？
5. 购物中心如何进行业态组合？

拓展 1：

《购物中心等级划分与评定》（征求意见稿）

拓展 2：

绿色商场创建评价指标（试行）

第八章

大型零售网点规划

■ **本章概要**

本章首先介绍了大型零售网点的概念、规划中大型零售网点的界定，然后介绍了大型零售网点规划原则、大型零售网点规划布局过程，最后介绍了大型零售网点规划的具体案例。

■ **本章重点**

1. 大型零售网点的概念
2. 大型零售网点规划原则
3. 大型零售网点规划布局过程

第一节　大型商业网点概述

一、大型零售网点的概念

2018 年 5 月商务部发布《商业网点规划术语》国家标准，其中指出，零售网点是指零售企业根据不同消费需求而形成的向消费者销售商品和提供相关服务的经营场所。2021 年 10 月 1 日实施的最新版的《零售业态分类（GB/T18106-2021）》中，将零售业态分为 17 种，分别是便利店、折扣店、超市、仓储会员店、百货店、购物中心、专业店、品牌专卖店、集合店、无人值守商店、网络零售、电视/广播零售、邮寄零售、无人售货设备零售、直销、电话零售、流动货摊零售。零售网点主要指有形店铺，所以零售网点主要指便利店、折扣店、超市、仓储会员店、百货店、购物中心、专业店、品牌专卖店、集合店、无人值守商店 10 种零售业态的有形店铺。根据商务部印发的《城市商业网点规划编制规范》（2004 版），大型零售商店一般是指营业面积在 5 000 平方米以上的百货店、超级市场、大型综合超市、仓储商店、专业店、家居中心和购物中心。而根据最新版的《零售业态分类（GB/T18106-2021）》，达到 5 000 平方米的零售网点包括大型超市、中型超市、生鲜超市、综合超市、仓储会员店、百货店、购物中心 7 种零售业态，其中购物中心细分为都市型购物中心、区域型购物中心、社区型购物中心和奥特莱斯型购物中心。这 7 种零售业态的定义分别是：

大型超市：营业面积大于或等于 6 000 m²，商品种类丰富，满足消费者一站式购物需求。

中型超市：营业面积在 2 000 m² ~ 5 999 m²，商品种类较多，满足日常生活所需。

生鲜超市：生鲜食品营业面积大于或等于总营业面积的三分之一，满足消费者日常生活必需的零售业生鲜食品的有效单品数量通常占总单品数的 30% 及以上。

综合超市：经营品种齐全，满足顾客日常生活用品一次购齐的超市，非食品单品数量占比较高。

仓储会员店：以会员为目标顾客，实行储销一体、批零兼营，以提供基本服务、优惠价格和大包装商品为主要特征的零售业态。

百货店：以经营品牌服装服饰、化妆品、家居用品、箱包、鞋品、珠宝、钟表等为主，统一经营，满足顾客对品质商品多样化需求的零售业态。

购物中心：由不同类型的零售、餐饮、休闲娱乐及提供其他服务的商铺按照统一规划，在一个相对固定的建筑空间或区域内，统一运营的商业集合体。

购物中心还细分为都市型购物中心、区域型购物中心、社区型购物中心和奥特莱斯型购物中心，其定义分别为：

都市型购物中心：以满足顾客中高端和时尚购物需求，配套餐饮、休闲娱乐、商务社交等多元化服务；位于城市的核心商圈或中心商务区，辐射半径可以覆盖甚至超出所在城市。

区域型购物中心：满足不同收入水平顾客的一站式消费需求，购物、餐饮、休闲和服务功能齐备，所提供的产品和服务种类丰富；位于城市新区或城乡接合部的商业中心或社区聚集区，紧邻交通主干道或城市交通节点，辐射半径约在 5 千米。

社区型购物中心：以满足周边居民日常生活所需为主，配备必要的餐饮和休闲娱乐设施；位于居民聚居区的中心或周边，交通便利。

奥特莱斯型购物中心：以品牌生产商或经销商开设的零售商店为主体，以销售打折商品为特色；在交通便利或远离市中心的交通主干道旁，或开设在旅游景区附近。

根据《城市商业网点规划编制规范》（2004 版）的规定，5 000 平方米以上的 10 类商业网点应纳入大型零售网点的规划范围，但在城市商业网点实际编制过程中，大中小城市规模差异大，商业发展程度差异大，规划编制要切合城市商业发展的实际、结合商业发展的规律，要结合规范和标准定义，根据城市商业发展实际情况对规划中的大型零售网点面积和类型做出一定范围的调整。对于大型商业网点类型和面积，各地应在参考《城市商业网点规划编制规范》（2004 版）基础上，根据具体规划情况对涉及的大型零售网点类型和对象进行详细界定，一般常见的调整和变动主要表现在面积界定和网点类型界定上。

面积界定：有些城市是分区做商业网点规划，符合标准的商业网点数量不多；还有部分中小型城市商业发展较为缓慢、网点面积普遍较小，根据调研实际情况，其把 2 000 平方米以上的零售网点纳入统计规划范围，因而其大型商业网点的规划或商业网点规划的大型零售网点的规划对象变更为 2 000 平方米以上的大中型零售网点。比如《重庆市渝北区城市商业网点发展规划（2007—2015)》中规划对象为：渝北区商业网点，在主城区，是指营业面积原则上大于 10 000 平方米的市场和大于 5 000 平方米的零售网点；在中心镇，是指营业面积原则上大于 3 000 平方米的市场和大于 300 平方米的零售网点。

网点类型界定：最新《零售业态分类标准》（GB/T 18106-2021）相比以前的版本，对超市中的大型、中型、生鲜和综合超市不仅给予准确的定义，而且从选址、商圈与目标顾客、规模、商品结构以及服务功能等基本特点有比较详细的阐述。购物中心也细分为四种基本类型，而且每种的基本特点也有准确的表述。相比之前，网点类型界定更为清晰，规划实践也更为准确，针对性更强，可操作性更强。

第二节　大型零售网点规划要点

一、大型零售网点规划原则

（一）统筹兼顾与重点突出

政府在进行城市商业网点规划的过程中，既要全面考虑区域的整体发展需求，又要注重零售网点特别是大型零售网点的功能定位与差异化发展。根据大型商业零售网点的特点，大型零售网点选址应在城市商业中心、区域商业中心和社区商业中心等商业中心区域。政府应通过深入分析市场需求、资源禀赋和竞争格局，确定大型零售网点的主导业态、经营特色和服务对象，实现资源的优化配置和效益的最大化。

（二）合理布局与数量调控

政府在规划零售网点特别是大型零售网点时，要合理确定大型零售网点的数量和空间布局，避免过度竞争和资源浪费。大型零售网点数量一般占城市商业网点数量的比例很低，但是大型零售网点体量占城市商业网点总体量比例很高，所以，大型零售网点要在准确测度城市商业网点体量的基础上，适度发展。政府应根据区域经济发展水平和消费需求状况，制定科学的网点发展规划，对网点的数量和位置进行精准调控，确保零售市场的健康发展。

（三）突出特色与以人为本

大型零售网点是承载城市商业发展的重要载体，应充分体现其所在地的文化特色和商业氛围，形成独特的品牌形象和市场吸引力。同时，规划要坚持以人为本的理念，注重提升消费者的购物体验和满意度，满足消费者多元化的需求。

（四）关注集聚效应与交通

大型零售网点的集聚效应能够提升城市乃至区域的商业氛围和吸引力，促进消费活动的集中和扩大。因此，政府在规划时要注重发挥大型零售网点的集聚效应，通过优化空间布局、提升配套设施等方式，打造具有竞争力的城市商业集群；同时，要考虑交通因素对大型零售网点的影响，合理规划交通线路和交通设施，提高大型零售网点的可达性和便利性。

（五）提升与新建相结合

对于成熟的城市商业区，政府要慎重布局新的大型零售网点，其重点应在于对已有的大型零售网点应根据其经营状况和市场需求进行提升改造，通过改善购物环境、优化商品结构、提升服务水平等方式，提升网点的竞争力和吸引力。对于新建商业区，新建大型零售网点，要充分考虑市场需求、选址条件和发展前景，确保大型零售网点的建设符合规划要求和市场需求。

二、大型零售网点规划布局过程

（一）确定位置

大型零售网点作为城市商业的重要载体，在城市空间结构布局中一般处在商业中心、商圈或商业集聚区内，也就是城市核心商业功能区。根据《城市商业网点规划编制规范（2004）》的规定，商业中心包括城市商业中心、区域商业中心和社区商业中心。

城市商业中心（区域商业中心）规划布局的要点：①名称、区位；②在城市商业中的地位和功能；③消费服务定位、主力业态与特色要求；④总规模和大型零售网点的数量；⑤业态结构调整的重点。

社区商业中心规划布局要点：①优先发展的零售与生活服务网点的业态、类型、组织形式、千人拥有的零售与生活服务网点面积；②主要零售与生活服务业网点的商圈半径。

（二）确定网点类型

大型零售网点的类型一般按照各商业空间的功能需求和各类大型零售网点的基本特点确定。在功能需求的引导下，选择可提供相应功能的网点类型。

1. 大型超市

（1）选址：市、区商业中心或城乡接合部、交通要道及大型居住区。

（2）商圈与目标顾客：辐射半径 2 km 以上，目标顾客以居民流动额客为主。

（3）规模：6 000 m^2 及以上。

（4）商品（经营）结构：各类生活用品、包装食品及生鲜食品，一次性购齐，注重自有品牌开发。

（5）服务功能：通常设不低于营业面积 40% 的停车场，营业时间 12h 或以上。可提供线上订货服务。

2. 中型超市

（1）选址：市、区商业中居住区。

（2）商圈与目标顾客：辐射半径 2 km 左右，以商业区目标顾客、社区便民消费为主。

（3）规模：2 000 m^2 ~ 5 999 m^2。

（4）商品（经营）结构：日常生活用品、包装食品及生鲜食品，单品数少于大型超市。

（5）服务功能：营业时 12h 或以上。可提供线上订货服务。

3. 生鲜超市

（1）选址：社区周边，大型购物中心的配套业态。

（2）商圈与目标顾客：辐射半径 2 km 左右，以商业区目标顾客、周边居民为主。

（3）规模：一般在 200 m^2 ~ 6 000 m^2。

（4）商品（经营）结构：生鲜食品、包装食品为主，配置必需的非食系商品，总经营品种在 0.7 万 ~ 16 万。

（5）服务功能：营业时 12 小时或以上，提供生鲜食品简单处理、加工服务，可提供线上订货服务。

4. 综合超市

（1）选址：市、区商业中心、居住区。

（2）商圈与目标顾客：辐射半径 5 km 左右，以商业区目标顾客、周边居民为主。

（3）规模：一般在 2 000 m^2 ~ 10 000 m^2。

（4）商品（经营）结构：非食品类商品单品数较多，经营量种齐全，有 1.5 万 ~ 3 万。满足顾客日常生活用品一次购齐的需求。

（5）服务功能：营业时间 12 小时或以上，可提供线上订货服务。

5. 仓储会员店

（1）选址：城乡接合部的交通要道。

（2）商圈与目标顾客：辐射半径 5 km 以上，目标顾客以中小零售店、餐饮店、集团购买和流动顾客为主。

（3）规模：营业面积一般在 5 000 m² 以上。

（4）商品（经营）结构：以大众化服饰、食品、日用品为主，自有品占相当部分，商品种类通常有 0.4 万~1.2 万种，实行低价、批量销售。

（5）服务功能：设相当于经营面积的停车场。有些可提供线上订货服务。

6. 百货店

（1）选址：市、区级商业中心，历史形成的商业集聚地。

（2）商圈与目标顾客：以追求时尚和品质的顾客为主。

（3）规模：营业面积一般在 10 000 m² ~ 50 000 m²。

（4）商品（经营）结构：商品种类齐全，以服饰、鞋类、箱包、化妆品、家庭用品、家用电器为主。

（5）服务功能：注重服务，逐步增设餐饮、娱乐、休闲等服务项目和设施。

7. 都市型购物中心

（1）选址：城市的核心商圈或中心商务区，街区型或封闭型建筑结构。

（2）商圈与目标顾客：商圈覆盖面甚至超出所在城市，满足顾客购物、餐饮、商务、社交、休闲娱乐等多种需求。

（3）规模：不包含停车场的建筑面积通常在 50 000 m² 以上。

（4）商品（经营）结构：购物、餐饮、休闲和服务功能齐备，时尚、休闲、商务、社交特色较为突出。

（5）服务功能：提供停车位、导购咨询服务、个性化休息区、手机充电、免费无线上网、ATM 取款等便利措施。

8. 区域型购物中心

（1）选址：位于城市新区或城乡接合部的商业中心或社区聚集区，紧邻交通主干道或城市交通节点，以封闭的独立建筑体为主。

（2）商圈与目标顾客：辐射半径在 5 km 以上，满足不同收入水平顾客的一站式消费需求。

（3）规模：不包含停车场的建筑面积通常在 50 000 m² 以上。

（4）商品（经营）结构：购物、餐饮、休闲和服务功能齐备，所提供的产品和服务种类丰富。

（5）服务功能：提供停车位，通常还提供导购咨询服务、个性化休息区、手机充电、免费无线上网、免费针线包、ATM 取款等便利措施。

9. 社区型购物中心

（1）选址：位于居民聚居区的中心或周边，交通便利。以封闭的独立建筑体为主。

（2）商圈与目标顾客：辐射半径在 3 km 以内，以满足周边居民日常生活所需为主。

（3）规模：不包含停车场的建筑面积通常为 10 000 m² ~ 50 000 m²。

（4）商品（经营）结构：以家庭生活、休闲、娱乐为主，配备必要的餐饮和休闲娱乐设施，服务功能齐全。

（5）服务功能：提供停车位，通常还提供休息区、手机充电、免费无线上网、免费针线包、ATM 取款等便利措施。

10. 奥特莱斯型购物中心

（1）选址：在交通便利或远离市中心的交通主干道旁，或开设在旅游景区附近。建筑形态为街区型成封闭型。

（2）商圈与目标顾客：辐射所在城市或周边城市群，目标顾客为品牌拥护者。

（3）规模：不包含停车场的建筑面积通常在 50 000 m² 以上。

（4）商品（经营）结构：以品牌生产商或经销商开设的零售店为主体，以销售打折商品为特色。

（5）服务功能：提供停车位。

（三）确定数量和体量

大型零售网点的体量应在城市商业总体体量规模下，结合商业网点总体量、城市规划的商业用地体量确定。

（四）确定业态和业种

大型超市、中型超市经营商品类型相对比较固定，生鲜超市要求生鲜食品营业面积大于或等于总营业面积的三分之一。购物中心作为各类零售店和业态的集合体，从业态的配置上将很大程度反映该区域的商业功能需求和定位。购物中心具有明确的功能定位，能满足当地（区域内）消费者的消费习惯和消费需求；所涵盖的业态组合比例符合当地（区域内）的消费等级和水平；连锁品牌门店数量占比不得低于项目品牌总数量的30%。

第三节　大型零售网点建设案例

商业网点是城市最基本的商业单元，而大型零售网点是城市商业网点中的核心单元，直接反映城市商业网点建设水平，所以大型零售网点是展现城市商业品质的有效载体。合理规范地规划城市大型零售网点具有重要的现实意义，研究大型零售网点规划的成功案例，对完善和优化城市商业网点体系具有重要的理论和实践意义。

一、重庆市渝北区大型商业网点规划

（一）规划控制指标和标准

1. 市级商业中心（市级核心商圈）

市级商业中心（市级核心商圈）服务功能完善，具有对整个城市和邻近城市的商业辐射作用，是城市商业的突出形象与标志；以汇聚大型商业设施、知名品牌和引领时尚潮流的商业网点为特征，对整个城市商业的发展具有强大的引导与拉动作用。

商业网点基本设置是：大型购物中心1处以上，大型百货店2处以上，大型综合超市2处以上，专业商场3处以上，四星级以上酒店3处以上，以及各类专业店、专卖店等；基本商业经营面积不少于100万平方米；核心商业街长度一般在800米以上，或商业聚集在不少于100公顷的区域范围内。

同时，配套餐饮、文化娱乐、金融、旅游服务、图书报刊和邮电等网点，交通易达程度高，交通方式以公共交通为主。

2. 区域性商业中心（城市商圈）

区域性商业中心（城市商圈）是整个城市商业服务网络的中心环节，规模介于城市核心商圈和社区便民商圈之间。

商业网点基本设置是：大型购物中心1处或大型百货店1处以上，大型综合超市1处以上，专业商场1处以上，四星级以上酒店1处以上，以及各类专业店、专卖店等；基本商业经营面积不少于30万平方米；核心商业街长度一般在300米以上，或商业聚集在不少于30公顷的区域范围内。

同时，配套餐饮、文化娱乐、金融、旅游服务、图书报刊和邮电等网点。

3. 社区商业服务设施

社区商业设施的设置应符合《社区商业设施设置与功能要求》（SB/T10455-2008）的要求，与城市总体规划及商业网点规划相协调，因地制宜，合理布局，与环境相协调。社区商业设施的建设规模应以宜居生活为原则，与社区居住人口规模相匹配，功能业态组合合理。

（1）设置标准

社区商业按居住人口规模和服务的范围可分为小型社区便民商圈、中型社区便民商圈和大型社区便民商圈，各级社区商业设置规模可参照表8-1的规定，社区商业的功能业态组合可参照表8-2的规定。

表 8-1　社区商业分级表

分类	指标		
	商圈半径/km	服务人口/人	商业设置规模/m² （建筑面积）
小型社区便民商圈	≤0.5	1 万	≤1 万
中型社区便民商圈	≤1	2 万	≤2 万
大型社区便民商圈	≤1.5	3 万	≤3 万

表 8-2　社区商业的功能、业态组合

分类	业态组合		
	功能定位	必备型业种及业态	选择型业种及业态
小型社区便民商圈	保障基本生活需求，提供必需生活服务	菜店、食杂店、报刊亭、餐饮店、理发店、维修、再生资源回收店	超市、便利店、图书音像店、美容店、洗衣店、家庭服务等
中型社区便民商圈	满足日常生活必要的商品及便利服务	菜市场、超市、报刊亭、餐饮店、维修、美容美发店、洗衣店、再生资源回收、家庭服务、冲印店	便利店、药店、图书音像店、家庭服务、照相馆、洗浴、休闲、文化娱乐、医疗保健、房屋租赁等中介服务等
大型社区便民商圈	满足日常生活综合需求，提供个性化消费和多元化服务	百货店、综合超市、便利店、药店、图书音像店、餐饮店、维修、美容美发店、洗衣店、沐浴、再生资源回收、家庭服务、照相馆	专卖店、专业店、旅馆、医疗保健、房屋租赁等中介服务、宠物服务、文化娱乐等

（2）社区商业功能要求

超市环境应符合《商业购物环境与营销设施的要求》（GB/T 17110）和《超市购物环境》（SB/T 10400）中的规定，其他购物服务设施应符合相应的规定，为居民提供便利、安全的购物环境。餐饮服务设施应符合《餐饮业开业的专业条件和技术要求》（SB/T 10426）规定的要求，为社区居民提供便利、安全的餐饮服务。美容美发服务设施应符合《美容美发开业的专业条件和要求》（SB/T 10270）的规定。洗衣店应符合《洗染业开业的专业条件和技术要求》（SB/T 10271）的规定。照相馆应符合《照相业开业的专业条件和技术要求》（SB/T10269）的规定。旅馆应符合《旅馆业开业的专业条件和技术要求》（SB/T 10268）的规定。药店开设应符合有关要求，遵循合理布局、方便群众购药、安全经营等原则。其他社区商业设施应满足相应的法规和标准。

4. 商业街

商业街是集中体现不同区域商业文化和经营特色的窗口，是特色商业和专业化商业的集中体现。商业街要求一般街长 300 米以上，商业店面 60 家以上，配套设施较为齐全，购物环境舒适，经营特色鲜明，能为消费者提供购物、休闲、观光等完善的服务。特色商业街的同类商品或服务聚集程度高，主营行业特色店数量占街区内店铺总数的 70% 以上，主营行业销售收入占商业街销售总收入的 70% 以上。

5. 商品交易市场

商品交易市场具有商品的集散、价格形成、结算、信息处理、市场调控等功能。商品交易市场的规划面积，在城区原则上在 10 000 平方米以上，在乡镇原则上在 3 000 平方米以上。

城区大型菜市场原则上在 3 000 平方米以上，乡镇大型农贸市场原则上在 1 000 平方米以上。同时，城区菜市场的布局，要实现居民居住区 500 米半径范围内能有 1 个 1 000 平方米以上的社区便民标准化菜市场。

6. 大型商业零售网点

本规划大型商业零售网点原则上是指城区 5 000 平方米的零售商店、乡镇 300 平方米以上的零售商店。

本规划大型商业零售网点主要是指大型购物中心、百货店、大型综合超市、仓储超市、大型专业店这五类零售业态。按照分级设置、错位经营的原则，新建和改建的大型商业零售网点，原则上不能影响到商圈内现有大型商业零售网点、社区商业网点的正常经营，保证城市基础设施得到充分利用。

（1）大型购物中心

大型购物中心是指在一个大型建筑体（群）内，由企业按规划开发、拥有、管理、运营的各类零售业态和服务设施的集合体，主要载体形态有城市商业综合体、奥特莱斯购物中心及大型商城。规划面积在 10 万平方米以上，服务半径为 10 000 米，服务人口为 50 万以上，设置区域主要是在商业中心区以及交通便利的城乡接合部。

（2）百货店

百货店是指在一个较大建筑体内，根据不同商品门类设销售区，以销售日用工业品为主，提供相应服务，能满足对商品多样化选择需求的零售业态。规划面积在 10 000 平方米以上，服务半径为 5 000 米，服务人口为 20 万以上，设置区域主要是在商业中心区内或大型购物中心内。

（3）大型综合超市

大型综合超市是指采取自选销售方式，以销售大众化实用品为主，满足一次性购物的零售业态。规划面积在 5 000 平方米以上，服务半径为 4 000 米，服务人口为 5 万以上，设置区域主要是在商业中心区或大型购物中心内。

（4）仓储超市

仓储超市是指采取自选销售方式，以销售大众化实用品为主，以储销一体化、提供有限服务为特征的零售业态。规划面积在 10 000 平方米以上，服务半径为 8 000 米，服务人口为 30 万以上，设置区域主要是在交通便利的城乡接合部。

（5）大型专业店

大型专业店是以经营某一大类商品为主，并且配备有丰富的专业知识的销售人员和提供适当售后服务的零售业态。规划面积在 3 000 平方米以上。

7. 酒店及餐饮

本规划酒店是指三星及以上酒店，或是指 100 个床位以上的宾馆、酒店、农家乐。

星级情况，包括挂星、未挂星，未挂星是指达到三星级标准但还未授星的大型住宿设施。

本规划餐饮是指 500 平方米以上餐饮店和星级农家乐。

8. 仓储物流配送业

按照渝北临空都市区货物的主要流向、物流发展的需要以及产业布局、交通条件，重点发展空港航空物流园、国际物流分拨中心和洛碛化工物流园，建设高标准物流园区，优化物流区域布局，打造西部一流临空都市物流集群。

（三）发展定位

到规划期末，建成以"一廊两圈三片"为龙头，以物流园区、国际会展城为重要支撑的商业中心区、特色商业街（专业市场）、乡镇（社区）商业和村社便民店四个层面相结合的城乡一体的全域商业网点体系。

到规划期末，通过对商贸物流、会展经济、金融服务、市场集群、电子商务、休闲购物、旅游文化、社区商业等各个领域的融入和整合，建成融国际化的临空都市商务中心、现代化的内陆地区重要物流枢纽、高端化的临空都市国际会展中心、多元化的临空都市电子商务集聚区和特色化的西部临空都市美食名区为一体的临空都市商贸物流中心和渝新欧大通道上的物流集散中心。

（四）发展布局

围绕临空都市区战略定位，渝北区应重点围绕"一廊两圈三片"进行商业网点布局。以"一廊两圈三片"为龙头，以空港航空物流园、洛碛化工物流园、国际会展城为重点，以社区便民商圈和乡镇商圈为基础，以大型零售网点、特色商业街、专业市场为支撑，以点带面，点面结合，形成重点突出、特色鲜明、层次清晰、功能完善的现代城市商业网点布局体系。

（五）社区商业规划布局

按照"51015"建设思路，遵循"规模适度，布局优化"的建设原则，在人口分布集中区域布局社区便民商圈。结合渝北区城市总体规划，规划期内，改造提升 24 个社区便民商圈，规划新建 9 个社区便民商圈，共建成 33 个社区便民商圈，形成多功能、多业态、全覆盖的社区便民商圈格局。

（六）镇级商业规划布局

本规划镇级商业规划布局主要包括茨竹镇、兴隆镇、木耳镇、大湾镇、统景镇、大盛镇、玉峰山镇、洛碛镇、古路镇九个镇。

（七）商业街规划布局

渝北区已建成 8 条特色商业街，其中城区 7 条，镇级 1 条；未来商业街规划建设以商业中心区和城市发展新区为重点，适当兼顾重点城镇的特色商业街，向游憩性、生活性道路布局，引导新型商业业态布局，配套相应的停车位等公共服务空间。重点建设购物、餐饮、娱乐、休闲、文化等符合现代消费时尚趋势的特色商业街。本次新规划 5 条特色商业街，其中镇级 1 条，特色商业街主要集中在空港新城、创新经济走廊和石盘河商务区等人口集聚区及特色城镇；建成后渝北区将形成 13 条特色商业街，突出其在聚集商业资源、实现集约经营、扩大影响等方面的作用，构建成完善的特色商业街体系

（八）商品交易市场规划布局

结合渝北区资源和区位交通优势，重点对现有的商品交易市场结合电子商务的发展进行提档升级，控制发展新的大型商品交易市场。城区菜市场按照一个社区便民商圈至少建设一个标准化菜市场规划布局。

渝北区现有营业面积 10 000 m² 以上的商品市场 10 个，规划期内，城区对现有的专业市场进行现代化改造，提升其线上线下一体化发展水平，与相关产业的产业园区和基地建设相结合，适度控制发展实体专业市场，大力发展物流配送。镇级专业市场主要结合农产品物流建设，建设集市场和物流于一体化的农产品市场，在兴隆镇建设渝北农产品批发市场等推动农产品物流的发展。

（九）实施保障措施

1. 组织协调保障

大型商业网点布局建设，是体现和完善城市功能的需要，也是树立和提升城市形象的重要举措。大型商业网点规划的实施，首先需要各级政府和职能部门提高认识，充分认识大型商业网点建设对渝北区城市建设和经济发展战略实施的重要意义，在具体实施过程中做到协调一致。在组织协调保障上，要不断健全完善渝北区商贸流通领导小组的组织协调职能，在大型商业网点规划实施中涉及的重大项目招商引资、建设用地、政策优惠等方面，需要领导小组牵头协调，具体由商务局加强与各有关职能部门、镇街、园区和驻区单位的日常工作协调，确保大型商业网点规划和大型项目建设的落实。

加强大型商业网点建设的管理和服务。按照国家相关法律、法规，依法加强对商业网点建设的监督管理。商务部门要根据本规划，每年发布大型商业网点建设导向性意见，对全区大型商业网点建设进行引导，使大型商业网点建设规范有序发展。建立区级领导联系重点项目制度，帮助投资商和经营商协调解决大型商业网点项目建设、经营中的困难和问题。

2. 规划协调保障

大型商业网点规划的实施，必须与城市总体规划、土地利用规划以及国民经济和社会发展总体规划、现代服务业发展规划等规划充分协调，相互衔接。大型商业网点规划要符合城市总体规划和土地利用规划的大原则和大方向，城市总体规划等规划的制定、调整和实施也应充分考虑城市商业功能布局的需要，特别是要将大型商业网点建设纳入城市建设规划中。

3. 政策支持保障

（1）全面落实各类优惠政策

全面落实国家、重庆市和渝北区关于商贸流通及现代服务业发展的各类优惠扶持

政策，从税收、规费、土地、融资、奖励等方面鼓励大型商业网点建设，推进商贸流通业发展。

（2）重大项目实行"一事一议"

对于个别重特大项目，如核心商圈、重点市场、重点商贸企业、重点物流企业、重大商贸设施和重要商贸信息服务系统的建设，实行"一事一议"，在用地、财税、工商登记、信贷融资等方面给予相应的个性化优惠政策，特事特办，并派专人全过程协助办理，提高效率。

（3）安排大型商业网点建设发展专项资金

在区财政每年安排的商贸发展专项资金中，安排一定比例的专项资金用于大型商业网点建设和发展，主要用于支持核心商圈、中央活动区、特色商业街、重点零售和交易市场以及物流基地项目、镇级大型网点、星级农家乐等项目的新建和改造提升，加快重点大型商业网点项目建设步伐。

（4）建立大型商业网点奖励基金

区政府安排专门奖励基金，对新引进的大型商业网点、连续经营3年以上的大型商业网点，给予一定比例的奖励或定额奖励，鼓励商家做大做强。除了对商家进行奖励外，对引进有功的单位和个人也要给予一定奖励。

4. 配套建设保障

（1）加强基础设施的配套建设

继续加强对道路、交通、电力等基础设施的投入和建设力度，重点加快对两路空港商圈、嘉州商圈、黄泥磅以及冉家坝等商业中心区的交通配套设施的改造和完善，贯彻人车分流、立体开发等原则，有效解决商业中心区的交通和停车难题。在规划新建的大型商业网点，必须把停车场（库）和其他市政设施的配套建设纳入规划设计审批的重点，完善与大型商业网点规划相关的其他各类综合配套设施。

（2）加强大型商业网点的信息化、智能化配套建设

在城市核心商圈、中央活动区、大型商业综合体、购物中心、大型百货店、高星级酒店等的建设和改造过程中，要积极运用互联网、信息化、智能化技术，结合智慧城市建设和智慧商圈打造，大力推进商圈、大型网点的信息化、智能化建设，积极推进电子商务、线上线下结合的体验式交易等新型经营模式的发展，提升大型商业网点的现代化水平。

5. 风险防范保障

大型商业网点建设既要体现政府规划导向意图，更要坚持市场运作，最终也要通过市场行为来实现。这就必然会存在市场风险，诸如重大项目的投融资风险、招商引资风险、经营风险、城区商业设施改造提升过程中的拆迁安置风险，等等。因此，要保障大型商业网点规划建设的顺利实施，各级政府必须高度重视大型商业网点建设的风险评估和防范工作，建立风险预警和防范机制；对有可能发生的风险要建立风险预案和应急防范措施，做到防患未然。

二、深圳市商业网点规划（2025—2035）[①]

（一）规划对象

本次规划所指"商业"涵盖零售、餐饮、批发、生活服务、休闲娱乐等各类消费活动，包含传统商业消费和随社会生产、高新技术进步而发展形成的商业新业态、新模式，聚焦核心商圈的核心业态，覆盖购物中心、奥特莱斯、百货、超市或折扣型会员店（≥5 000 平方米）、高端商务或生活商业配套（≥10 000 平方米）以及特色商业街区。

本次规划对象为满足各类消费需求的多层次商业空间，包括以各级商圈、社区商业网点为主的四级商业中心体系，以及基于城市风貌、夜间经济等主题资源的特色型商业集聚区。

（二）规划目标

到 2030 年，社会消费品零售总额达到 1.7 万亿元，初步建成 2 个世界级商圈，构建层次分明、业态完整、布局合理、普适均衡、前瞻引领的国际消费中心城市商业空间体系，打造一批兼具"国际范""时尚潮""原创力""市井气"的特色商业集聚区、示范区，存量商业持续焕新、新增商业高端拓展，国际运营商争相集聚，销售贡献度、业态丰富度、品牌引领度显著提升，境内外客流消费活跃度明显增强，核心商业载体或商业组团间交通可达性、慢行游逛性、功能差异性有效优化，消费智能化场景愈加丰富完善。

到 2035 年，社会消费品零售总额接近 2.5 万亿元，全面建成具有全球示范引领效应的世界级商圈、擎动大湾区消费活力的全国级商圈、缤纷活力的区域级商圈、便利友好的社区网点，城市商业贡献度、国际运营商丰富度、高端品牌商家集聚度、商业业态创新力、国际客流吸引力、城市精神凝聚力达到世界一流水平，将深圳建成商业创新力、竞争力、影响力卓著，城市个性、人文魅力全面绽放的国际消费中心城市典范。

（三）布局规划

1. 商圈规划体系框架

全市规划构建"四级多元"商业规划体系，形成"世界级—全国级—区域级—社区级"四级商业消费空间结构（见表8-3），满足不同维度消费者多层次消费需求。基于深圳产业、深圳风貌、深圳人文等城市魅力及资源，打造科技消费、时尚消费、文化创意消费、旅游消费、枢纽消费等一系列多元特色商业集聚区。

[①] 深圳市商业网点规划（2025—2035）[EB/OL].（2025-01-07）[2025-06-09]. https://commerce.sz.gov.cn/gkmlpt/content/12/12058/post_12058546.html#25142.

表 8-3　"四级多元"商业规划体系

分级体系	世界级	全国级	区域级	社区级
商圈界定	以服务来自全球各地的境内外消费人群的顶级商业组团、街区为核心,通过若干核心组团、街区和周边高品质旅游、文化、会展等配套设施有机结合形成的商业城区	以服务全国、辐射大湾区的综合性、高能级商业街区为空间载体,汇聚购物餐饮、商务休闲、文娱旅游等综合性消费功能,结合快慢行交通联系,形成组团效应的商业城区	位于城市区域中心,服务本区域、辐射大湾区范围的消费人群,满足购物、餐饮、文化等综合性消费需求的商圈	位于社区内部或周边的 15 分钟便民生活圈
商圈个数	2 个重点建设 2 个潜力培育	3 个重点建设 3 个潜力培育	42	N
近期重点建设	福田中心商圈 罗湖核心商圈	龙岗大运商圈龙华超级商圈	梅林—彩田商圈、宝安西乡商圈、布吉商圈观澜商圈、坪山围商圈、光明中心商圈、大浪商圈	—
中长期潜力培育	后海—深圳湾商圈 空港会展商圈 前海·宝中商圈	车公庙—下沙商圈 西丽高铁枢纽商圈 大鹏环龙岐湾商圈	—
商圈规模	≥100 万平方米	50(含)~100 万平方米	10(含)~50 万平方米	—

2. 四级商圈体系

在商圈现状及潜在辐射能级、体量规模、空间布局的基础上,统筹不同层级商圈和社区商业网点的空间布局,优化业态内容、打造方向,在全市整体构建"5+6+42+N"的商圈体系。

(1)世界级地标商圈

世界级地标商圈商业体量规模一般超过 100 万平方米。以面向全球、辐射全国、引领大湾区为目标,服务全球超广域性和全国广域性消费人群。汇聚全球型、门户型、高端型商品、服务、品牌商家等,提供高端购物、金融商务、旅游文化、休闲娱乐等多元功能。依托内地、服务港澳、面向世界,着力打造国内外顶级消费资源汇聚、时尚潮流消费引领、标志性城市景观集合的世界顶级商圈。

本次规划打造 2 个近期重点建设的商圈,以及 3 个中长期潜力培育的商圈。

(2)全国级引领商圈

全国级引领商圈商业体量规模一般在 50 万~100 万平方米。主要面向大湾区及全国消费人群,畅通国内大循环,打造国际国内旅游消费目的地,承载涵盖购物餐饮、商务休闲、文化体验等的高能级、高品质、综合型消费功能,同时结合消费升级,嫁接时尚与创意资源,发展跨界型、体验型商业业态,打造高端品牌集聚、都市风范突出、商业功能与多种城市功能有机融合、具有亚洲影响力的消费体验地标。

本次规划共划定 6 个全国级引领商圈,其中近期重点建设 3 个,中长期潜力培育 3 个。

（3）区域级活力商圈

区域级活力商圈商业体量规模一般在 10 万~50 万平方米。基于深圳条带状城市形态，以面向本区域，服务大湾区为导向，深度融合区域文体、生态、产业等在地资源和特色，商业消费功能凸显多元化、特色化。依托城际轨道等枢纽站点，支持商业功能跨市融合，形成综合购物、餐饮、文化、休闲、娱乐等各类业态齐全、功能复合的活力商圈。聚焦粤港澳大湾区一体化发展，建成体现深圳凝聚力、特色消费活力的区域商业中心。

本次规划共划定 42 个区域级活力商圈，包含八卦岭商圈、大冲商圈、石岩商圈、横岗商圈、民治商圈、坪山围商圈、光明中心区商圈、葵涌中心商圈、深汕合作区核心商圈等。

（4）社区级便民网点

社区级便民网点以满足社区居民商业消费需求为导向，在 15 分钟步行范围内配置兼具日常生活基本消费和品质消费的多种业态，突出"便民、利民、惠民"的社区商业特点。同时支持商业功能与丰富的生活场景融合发展，形成新型体验与消费升级，建立消费者与商业场所的情感连接，激发消费活力，塑造宜居生活。

社区级便民网点分为 15 分钟步行可达网点和 5~10 分钟步行可达网点。

15 分钟步行可达网点服务半径 800~1 000 米，服务人口规模 5 万~10 万，在保障社区居民基本消费需求的基础上，配置休闲、健康、社交、娱乐、购物等个性化、多样化、特色化的品质提升类消费业态。

5~10 分钟步行可达网点服务半径 300~500 米，服务人口规模 1 万~1.2 万，优先满足社区居民一日三餐、生活必需品、家庭生活服务等日常生活基本消费需求，如便利店、小超市、菜市场、理发店、药店等。

3. 特色商业集聚区

深圳享有"创客之城""时尚之城""设计之都"等美誉，在城市发展进程中不断释放着创新活力、时尚魅力、多元文化特质，结合丰富的生态、海景等旅游资源，在一些区域催生了独特的产业和商品优势。特色商业集聚区依托商圈的建设发展，以满足个性化、差异化、品质化消费需求为目标，以城市产业、环境风貌、公共人文等优势资源为支撑，聚焦科技、时尚、文化创意、旅游等一系列特色主题，承担着将产业、商品优势转化为特色商业集聚优势的任务。特色商业集聚区在业态上以购物、餐饮、旅游、休闲等为主，在空间上主要呈线状、组团状分布，多以大型单体商业设施、商业街区、市场群的形式体现，并形成较强辐射能力。

4. 商圈建设支撑体系

深圳作为后发国际消费中心城市，商业基础相对薄弱，要实现商圈体系建设中长期目标，需政府立足"顶层引领、全局思考、统筹谋划"，从多个方面搭建商圈建设支撑体系，助力本规划更好地落地实施。

一是建立商圈建设工作专班。以"统筹协调、多级联动"模式推进各类商圈规划落实。实行市、区、街道多层级负责制，市级政府机构承担统筹规划职责，引导城市整体商业发展方向，重点把握世界级、全国级商圈发展工作；区级政府机构根据市级目标导向，细化并制定自身适用规划及行动方案，重点把握区域级商圈发展工作；街道办事处重点把握社区级便民网点发展工作。

二是推动商圈规划制定与融合。实行政府多部门联动工作机制，推动各商圈市容市貌、慢行交通、轨道联通、物流供应链、文化旅游、会议会展、智慧城市、金融支持实体等相关事项形成功能联动、多元融合的立体规划。

三是形成建设项目推进任务清单。围绕商圈建设重点项目，细化各项工作，形成落实到部门的任务清单，协同促进商圈及相应配套建设工作持续稳步推进。

四是提出商圈推广及品牌引进培育计划。聚焦全市商品多样、物美质优、时尚创新，持续以清单形式"外引""内培"国内外优质消费品牌。

五是科学评价商圈发展情况。围绕综合实力、国际引力、商业活力、运营有力、空间魅力、发展潜力六个维度，探索全市商圈评估考核奖励机制，指引世界级、全国级商圈建设。

六是搭建协作平台。建立政企协同机制，加强管理者、运营商、品牌方、行业协会、消委会等的联系，提升政企互联水平，推动实现商圈内差异竞争、信息共享、政企合作、问题处置、共治共管，最大化激发商业潜力、赋能商业影响力提升。

七是联通全球智慧中枢。汇聚全球智慧、凝聚创新力量，组织开展定期、定向、专项战略研讨、顶层设计建议，科学支撑商圈发展决策，探索设立国际咨询委员会。

本章小结

1. 大型零售商店一般是指营业面积在 5 000 平方米以上的百货店、超级市场、大型综合超市、仓储商店、专业店、家居中心和购物中心。

2. 大型零售网点规划编制的过程中一般要对大型零售网点的面积和网点类型进行界定。

3. 大型零售网点规划布局过程包括确定位置、确定网点类型、确定数量和体量以及确定业态和业种。

4. 大型零售网点规划原则有统筹兼顾与重点突出、合理布局与数量调控、突出特色与以人为本、关注集聚效应与交通以及提升与新建相结合。

复习思考题

1. 什么是大型零售网点？
2. 大型零售网点的规划原则是什么？
3. 大型零售网点规划布局过程包括哪些环节？

拓展1:

浙江省商务厅等13部门关于完善商业网点规划
管理的指导意见

拓展2:

商务部办公厅关于印发
《智慧商店建设技术指南（试行）》的通知

▶▶ 参考文献

[1] 戴安娜·阿尔瓦雷茨-马林，卢德格尔·霍夫施塔特，吕帅. 信息哲学观下的城市概念再定义 [J]. 建筑学报，2017 (8)：8-13.

[2] 丁凡，伍江. 城市更新相关概念的演进及在当今的现实意义 [J]. 城市规划学刊，2017 (6)：87-95.

[3] 黄亚平. 城市空间理论与空间分析 [M]. 南京：东南大学出版社，2002.

[4] 陈航，栾维新，王跃伟. 首都圈内城市职能的分工与整合研究 [J]. 中国人口·资源与环境，2005 (5)：19-23.

[5] 张复明. 城市职能、定位理论与区域城镇化战略研究 [M]. 北京：经济科学出版社，2012.

[6] 张承安. 城市发展史 [M]. 武汉：武汉大学出版社，1985.

[7] 王嘉，白韵溪，宋聚生. 我国城市更新演进历程、挑战与建议 [J]. 规划师，2021，37 (24)：21-27.

[8] 赵和生. 城市规划与城市发展 [M]. 南京：东南大学出版社，2005.

[9] 阳建强，陈月. 1949—2019 年中国城市更新的发展与回顾 [J]. 城市规划，2020，44 (2)：9-19，31.

[10] 韦正峥，杜晓林，张媌姮，等. 我国新时代美丽城市建设分异性策略研究 [J]. 中国环境管理，2024，16 (2)：40-48.

[11] 崔连广，张敬伟. 商业模式的概念分析与研究视角 [J]. 管理学报，2015，12 (8)：1240-1247.

[12] 侯锋. 西方商业地理学的基本内容 [J]. 经济地理，1988 (1)：72-76.

[13] 英国尤斯伯恩出版公司. 读懂商业 [M]. 王雪，译. 南宁：接力出版社，2020.

[14] 田侠. 北京商业业态的发展历程及其变迁 [J]. 首都经济贸易大学学报，2015，17 (4)：54-61.

[15] 范磊. 商业业态知识 [M]. 2版. 北京：机械工业出版社，2012.

[16] 张荣齐，张寻. 平台战略下社区商业业态业种共生研究 [J]. 商业研究，2015（8）：45-51.

[17] 刘润. 商业简史 [M]. 北京：中信出版社，2020

[18] 王水莲，常联伟. 商业模式概念演进及创新途径研究综述 [J]. 科技进步与对策，2014，31（7）：154-160.

[19] 托马斯·K·麦格劳. 现代资本主义：三次工业革命中的成功者 [M]. 赵文书，肖锁章，译. 南京：江苏人民出版社，1999.

[20] 廖大宇. 5G商业模式重塑商业化未来 [M]. 北京：中华工商联合出版社，2021.

[21] 张健. 城市商业区研究规划、治理模式与案例 [M]. 北京：清华大学出版社，2015.

[22] 姜珂，于涛. 基于电影院数据分析的城市商圈等级划分方法研究：以南京市为例 [J]. 世界地理研究，2017，26（4）：73-81.

[23] 王希来，曹伟. 21世纪城市商业发展之路 [M]. 北京：中国商业出版社，2011.

[24] 孙志建，耿佳皓. 公共管理敏捷革命：中国城市治理数字化转型的交叉案例研究 [J]. 电子政务，2023（2）：2-17.

[25] 李晓娣，饶美仙. 数字经济赋能城市科技创新的组态路径研究 [J]. 科学学研究，2023，41（11）：2086-2097，2112.

[26] 刘法威，杨衍. 城乡融合背景下乡村土地利用多功能转型研究 [J]. 郑州大学学报（哲学社会科学版），2020，53（3）：32-36.

[27] 何继江，袁晓辉，王富平. 迈向知识城市：科技园区核心功能及其融合创新 [J]. 科技进步与对策，2015，32（15）：37-41.

[28] 常兵，南禹竹. 城市商业区规划对推动城市经济发展的重要作用 [J]. 商业经济研究，2021（17）：26-28.

[29] 胡钫，张继刚，叶林，等. 城市特别用途区的发展内涵与空间管制：基于规划编制与规划许可的逻辑 [J]. 规划师，2023，39（7）：85-93.

[30] 蔡鸿生. 城市商业发展的规模规划规范 [M]. 北京：中国商业出版社，2002.

[31] 汪鑫. "市级"国土空间总体规划编制内容与深度研究：基于空间治理的视角 [J]. 城市规划，2021，45（5）：76-82.

[32] 叶林，邢忠，颜文涛. 城市边缘区绿色空间精明规划研究：核心议题、概念框架和策略探讨 [J]. 城市规划学刊，2017（1）：30-38.

[33] 王克强，石忆邵，刘红梅. 城市规划原理 [M]. 上海：上海财经大学出版社，2020.

[34] 张玉婧，王曾，吝含伟. "双碳"背景下城市更新规划编制路径研究：以黄

石市中心城区为例［J］. 城市发展研究, 2024, 31 (8): 13-18.

［35］洪亮平, 陈鹏宇, 乔杰. 从城市设计到"规划中的设计": 兼论国土空间规划中城市设计方法运用［J］. 城市规划, 2024, 48 (10): 114-121.

［36］王雨晨, 刘合林, 黄亚平, 等. 市级国土空间规划编制审批制度改革路径研究: 以鄂州市为例［J］. 规划师, 2023, 39 (5): 83-89.

［37］王飞虎, 黄斐玫, 黄诗贤. 国土空间规划体系下深圳市详细规划编制探索［J］. 规划师, 2021, 37 (18): 11-16.

［38］曹静. 商业布局规划［M］. 武汉: 华中科技大学出版社, 2020.

［39］刘志迎, 现代产业经济学教程［M］. 北京: 科学出版社, 2013.

［40］高洪深, 汪彬. 区域经济学［M］北京: 中国人民大学出版社, 2022.

［41］韦伯. 工业区位论［M］. 李刚剑, 等译. 北京: 商务印书馆, 1997.

［42］孙久文. 区域经济学［M］. 北京: 首都经济贸易大学出版社, 2020.

［43］张歆梅. 城市商业街研究发展综述［J］. 商业研究, 2007 (11): 115-120.

［44］陈洪星, 杨德刚, 李江月, 等. 人数据视角下的商业中心和热点区分布特征及其影响因素分析: 以乌鲁木齐主城区为例［J］. 地理科学进展, 2020, 39 (5): 738-750.

［45］朱涛. 商业布局与市场定位: 基于豪泰林模型的拓展分析［J］. 数量经济技术经济研究, 2004 (10): 126-130.

［46］朱皓云. 现代商业网点规划理论与实践［M］. 北京: 中国财政经济出版社, 2020.

［47］肖波. 人文城市建设研究: 以六盘水市为例［M］. 贵州: 贵州大学出版社, 2017.

［48］唐红涛, 柳思维, 朱艳春. 商业企业聚集、城市商圈演化、商圈体系分布: 一个基础框架［J］. 商业经济与管理, 2015 (4): 5-15.

［49］柳思维, 唐红涛, 王娟. 城市商圈的时空动态性述评与分析［J］. 财贸经济, 2007 (3): 112-116.

［50］张竞, 王志伟. 城市商圈发展的空间经济学分析［J］. 学术交流, 2015 (4): 139-144.

［51］柳思维. 城市商圈论［M］. 北京: 中国人民大学出版社, 2012.

［52］刘茂松. 时空维度下城市商圈演进的科学解构: 评柳思维教授《城市商圈论》［J］. 经济地理, 2013, 33 (10): 07.

［53］金毅. 中国重点城市商圈分析与商家选址参考［M］. 北京: 化学工业出版社, 2016.

［54］郝斌, 董硕, 胡引翠, 等. 多维特征融合的城市商圈划分方法［J］. 地理与地理信息科学, 2017, 33 (5): 56-62.

［55］姜珂, 于涛. 基于电影院数据分析的城市商圈等级划分方法研究: 以南京市为例［J］. 世界地理研究, 2017, 26 (4): 73-81.

[56] 浩飞龙, 杨宇欣, 李俊璐, 等. 基于零售行业与消费者行为的城市商圈特征: 以长春市重庆路、红旗街、桂林路为例 [J]. 经济地理, 2019, 39 (12): 138-146.

[57] 齐晓斋. 城市商圈发展概论 [M]. 上海: 上海科学技术文献出版社, 2007.

[58] 吴忠才, 柳思维. 多源时空大数据视角的城市商圈空间结构及影响因素研究: 基于核密度与空间面板模型的实证 [J]. 经济问题, 2018 (9): 113-119.

[59] 唐波, 黄嘉颖, 邱锦安. 城市商圈应急疏散空间布局与路径优化: 以广州上下九商圈为例 [J]. 地域研究与开发, 2018, 37 (4): 92-97.

[60] NG M, PARK J, WALLER T S. A Hybrid Bilevel Model for the Optimal Shelter Assignment in Emergency Evacuations [J]. Computer – Aided Civil and Infrastructure Engineering, 2010, 25 (8): 547-556.

[61] 贾海燕. 湖北传统城市商圈的发展特色及其现代价值思索 [J]. 江汉论坛, 2010 (12): 136-139.

[62] BASHAWRI A, GARRITY S, MOODLEY K. An Overview of the Design of Disaster Relief Shelters [J]. Procedia Economics and Finance, 2014, 18 (C): 924-931.

[63] 何建武. 电商冲击下大型购物中心聚客力分析: 基于上海徐家汇商圈的调查 [J]. 商业经济研究, 2018 (14): 33-35.

[64] 张伟, 赵向标, 汪守军. 商业街运营与管理的策划运作 [M] 北京: 中国建筑工业出版社, 2018.

[65] 徐磊青, 康琦. 商业街的空间与界面特征对步行者停留活动的影响: 以上海市南京西路为例 [J]. 城市规划学刊, 2014 (3): 104-111.

[66] 董立惠, 卫常青. 城市传统商业街区立体化改造设计研究: 以昆山商厦周边商业街区为例 [J]. 装饰, 2022 (12): 139-141.

[67] 李定珍. 社区商业理论探索 [J]. 湖南商学院学报, 2004, 11 (1).

[68] 俞稚玉. 修订中国购物中心的定义与分类的建议 [J]. 上海商业, 2007 (7): 30-35.

[69] 徐磊. 基于城乡协调发展的城郊购物中心发展研究 [D]. 哈尔滨: 东北林业大学, 2009.